BRUXARIA VERDE

Título do original: *The Witch of the Forest's Guide to Natural Magic.*

Copyright © 2021 Lindsay Squire.

Copyright da edição brasileira © 2022 Editora Pensamento-Cultrix Ltda.

1ª edição 2022.

1ª reimpressão 2023.

A Editora Pensamento não se responsabiliza por eventuais mudanças ocorridas nos endereços convencionais ou eletrônicos citados neste livro.

Impresso na China.

Editor: Adilson Silva Ramachandra
Gerente editorial: Roseli de S. Ferraz
Tradução: Denise de Carvalho Rocha
Gerente de produção editorial: Indiara Faria Kayo
Editoração eletrônica: Join Bureau
Revisão: Luciane H. Gomide

Dados Internacionais de Catalogação na Publicação (CIP)
(Câmara Brasileira do Livro, SP, Brasil)

Squire, Lindsay
 Bruxaria verde: conecte-se com o poder da natureza e descubra a magia que já existe dentro de você / Lindsay Squire; tradução Denise de Carvalho Rocha. – 1. ed. – São Paulo: Editora Pensamento, 2022.

 Título original: The witch of the forest's guide to natural magic
 ISBN 978-85-315-2188-1

 1. Bruxaria 2. Magia I. Título.

22-101507   CDD-133.43

Índices para catálogo sistemático:

1. Bruxaria: Ocultismo 133.43
Cibele Maria Dias – Bibliotecária – CRB-8/9427

Direitos de tradução para a língua portuguesa adquiridos com exclusividade pela
EDITORA PENSAMENTO-CULTRIX LTDA., que se reserva a
propriedade literária desta tradução.
Rua Dr. Mário Vicente, 368 – 04270-000 – São Paulo – SP – Fone: (11) 2066-9000
http://www.editorapensamento.com.br
E-mail: atendimento@editorapensamento.com.br
Foi feito o depósito legal.

BRUXARIA VERDE

Conecte-se com o Poder da Natureza e Descubra a Magia Que Já Existe Dentro de Você

LINDSAY SQUIRE

Editora
Pensamento
SÃO PAULO

SUMÁRIO

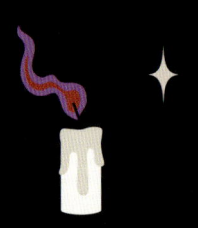

MINHA HISTÓRIA

Desde criança, sinto uma forte atração pela natureza e pela Bruxaria. Muito antes de saber o que era a Roda do Ano, eu já adorava contemplar a magia da mudança das estações. Mas foi só aos 22 anos de idade que esse interesse se transformou numa prática regular e se tornou o meu estilo de vida.

Dei os primeiros passos na minha jornada pela Bruxaria quando comecei a praticar a Wicca, a religião em que muitos começam a trilhar esse caminho. Na época, eu era uma "bruxa enrustida" ou, como se costuma dizer entre as praticantes de magia, "uma bruxa no armário de vassouras", onde fiquei por quase dez anos devido a circunstâncias familiares que felizmente não são mais um problema. Eu gosto de chamar esse período de "minha vida de antes", embora na verdade ela tenha moldado meus primeiros anos na Arte das Bruxas. Como muitas pessoas que ainda não saíram do armário, eu tinha que ser criativa, e é surpreendente quantos truques aprendemos ao longo dos anos quando queremos praticar magia longe dos olhos das outras pessoas.

A mídia social desempenhou um papel importante na minha jornada pela Bruxaria, pois me ofereceu um lugar para eu me expressar, falar com pessoas que pensavam como eu e aprender sobre a Arte de um modo mais discreto. Abri minha conta no Instagram @thewitchoftheforest em 2012, para ter um espaço seguro e anônimo onde eu pudesse falar sobre Bruxaria. Eu não queria usar o meu nome verdadeiro, então adotei o codinome "A Bruxa da Floresta". Como sou de um signo do elemento Terra (sou uma taurina teimosa), consigo aterrar minha energia e restabelecer meu equilíbrio quando estou ao ar livre, junto à natureza, principalmente em bosques e florestas. Consigo me imaginar como uma velhinha muito idosa, morando num cha-

lé no meio de uma bela floresta de pinheiros, cultivando sua própria horta e jardim de ervas, misturando poções e vivendo uma vida simples. Eu realmente sinto que o nome A Bruxa da Floresta traduz com perfeição a essência da minha Arte e tem muito a ver comigo neste momento da vida.

Ao longo dos anos, minha conta no Instagram me ajudou a conhecer inúmeras pessoas maravilhosas e a fazer alguns amigos incríveis. Eu realmente me sinto abençoada por tê-los na minha vida, pois cada um deles exerceu um impacto positivo sobre a minha Arte e me ajudou a crescer e evoluir. Nunca pensei que um dia eu teria um espaço que me permitisse compartilhar meu conhecimento e oferecer orientação prática para outras bruxas. Eu quero dizer obrigada, do fundo do coração, a todos que me ajudaram ao longo do caminho, e a você, que está lendo este livro agora. Realmente sou muito grata pela sua presença e por todo o seu apoio e auxílio.

Espero que este livro a ajude ao longo da sua jornada e a se conectar consigo mesma e com o mundo natural num nível mais profundo. Como bruxas, podemos trilhar caminhos muito diferentes, mas meu desejo é que este livro a ajude a descobrir o caminho que mais se ajusta ao seu gosto pessoal. Não há maneira errada ou certa de se praticar a Bruxaria, cada uma de nós a pratica do seu próprio jeito. Lembre-se, se você está procurando a melhor maneira de praticar a Arte, saiba que nós somos nossos melhores professores.

Sinto-me muito honrada em poder caminhar ao seu lado, enquanto você trilha o mesmo caminho que eu.

Lindsay

COISAS QUE É BOM VOCÊ
saber antes de embarcar na sua jornada através deste livro:

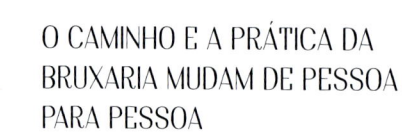

O CAMINHO E A PRÁTICA DA BRUXARIA MUDAM DE PESSOA PARA PESSOA

Quando comecei o meu caminho na Arte, minha prática era influenciada pela Bruxaria praticada nas Ilhas Britânicas e posteriormente pela Bruxaria tradicional da Cornualha. Depois de praticar a Wicca em segredo por alguns anos, minha Arte evoluiu para a prática mais tradicional que é hoje, pois me identifiquei com o modo como ela confere igual valor às dualidades: claro/escuro, esquerda/direita, masculino/feminino e conhecido/desconhecido.

Quando dei meus primeiros passos na Arte, parecia importante conferir um rótulo à minha prática, pois isso me ajudava a descobrir quem eu era. Eu sentia que precisava ter uma identidade específica e a ordem que essa identidade me proporcionava. No entanto, à medida que eu me desenvolvia, passei a sentir que os rótulos me restringiam. Descobri que, ao me concentrar mais numa determinada área da Arte, para adotar e incorporar uma identidade específica, eu negligenciava muitas das minhas outras habilidades e isso fazia com que a minha prática parecesse desequilibrada. Eu precisava aprender a aceitar a bruxa que eu era e isso significava reconhecer que, embora eu não me encaixasse em nenhum tipo específico de Bruxaria, isso não queria dizer que eu não era uma bruxa "de verdade".

Seja você quem for e independentemente do modo como passou a praticar a Arte, saiba que não precisa rotular a sua prática. Não se preocupe em descobrir como categorizá-la. O mais importante é descobrir qual o caminho certo para você, aquele que parece mais autêntico aos seus olhos.

VOCÊ NÃO PRECISA SER UMA BRUXA HEREDITÁRIA PARA QUE A SUA PRÁTICA TENHA PODER

Muitas pessoas se enganam ao pensar que a prática de uma bruxa hereditária é mais válida do que a de alguém (como eu) que se tornou a primeira bruxa da família. Por mais fascinante que seja proceder de uma longa linhagem de bruxas, com um histórico de Bruxaria na família e todas as tradições e práticas associadas a ele, isso não é necessário para você se tornar uma bruxa.

VOCÊ PODE PRATICAR SOZINHA OU COM UMA COMUNIDADE DE BRUXAS

Seja você uma praticante solitária ou uma bruxa iniciada num coven, você é uma bruxa autêntica. O tipo de bruxa que você se torna depende exclusivamente de você e do seu compromisso em estudar, aprender, praticar e honrar a Bruxaria.

Pode parecer mais difícil começar sua jornada pela Bruxaria sozinha. Há tanto a aprender e nem sempre é fácil encontrar informações precisas ou saber por onde começar. Mas este livro vai ajudá-la a navegar pelas águas da magia e a encontrar o caminho certo para você. Ele pode servir como um ponto de partida da sua jornada ou como um lugar onde possa buscar referências e redirecionar sua prática quando estiver numa fase mais avançada. De qualquer maneira, eu incluí aqui muitos recursos que eu mesma gostaria de ter conhecido quando comecei a minha jornada.

SUA PRÁTICA DE MAGIA NÃO PRECISA CUSTAR UMA PEQUENA FORTUNA

Um ponto importante para todas as bruxas, não apenas para aquelas que estão no início da jornada, é saber que a prática de magia não precisa custar muito. A mídia social pode dar a impressão de que, para ser bruxa, você precisa vestir roupas pretas, ter um caldeirão, um estoque completo de ervas, incensos, velas de todas as cores, vários tipos de cristal... e tudo isso pode custar caro. Mas ser uma bruxa não se resume ao tipo de instrumento que você usa ou às roupas que veste; a Bruxaria é muito mais do que isso. E o fato de ter essas coisas não significa que sua magia será mais forte ou seus feitiços serão mais bem-sucedidos. Se você gosta de colecionar e usar esses itens ou se prefere um kit de instrumentos mágicos mais minimalista, saiba que sua prática pode ser igualmente poderosa. É a força, o poder e o foco da sua intenção que importam.

SEJA VOCÊ UMA BRUXA NO ARMÁRIO DE VASSOURAS OU UMA BRUXA ORGULHOSA DOS SEUS PROGRESSOS NA PRÁTICA DA MAGIA, ESTE LIVRO É PARA VOCÊ

Eu entendo o quanto é difícil ter que esconder a sua porção bruxa das pessoas ao seu redor. É por isso que, à medida que minha Arte foi se desenvolvendo, eu passei a ter vontade de ajudar outras bruxas que não têm a mesma opção de sair do armário para praticar sua Arte de uma maneira que seja discreta e ao mesmo tempo as satisfaça. Por exemplo, existem muitas maneiras de celebrar os Sabás, honrar os ciclos da Lua e fazer magia de uma forma que não seja óbvia para quem tem o olho destreinado.

DIVIRTA-SE E FAÇA A SUA PRÓPRIA MAGIA

É fácil se deixar levar por aquilo que eu chamo de "Bruxaria estética" nas redes sociais, mas a Bruxaria é algo natural e nem sempre é muito certinha e organizada. Dê a si mesma espaço para se divertir e encontrar seu próprio tipo de magia e seu estilo autêntico. Brinque, adapte e encontre o que funciona mais para você. Sinta-se à vontade para usar qualquer feitiço ou receita deste livro apenas como uma sugestão e personifique-os, acrescentando itens ou substituindo ingredientes para atender às suas necessidades e intenções. Faça a sua própria magia!

E, LEMBRE-SE, UMA BRUXA NUNCA PARA DE APRENDER

À medida que aprender mais sobre a Arte, você também vai descobrir muito sobre você mesma, ao passo que começar a se conectar com seu próprio ser num nível mais profundo. A magia é uma energia que nutre você e a conecta com o mundo natural, e para ser uma Bruxa é preciso estar em sintonia e harmonia com a natureza e os elementos.

Assim como a natureza, nós também estamos em constante mudança e contínuo desenvolvimento. Dedique-se ao seu próprio crescimento e se comprometa de verdade a aprender ao longo de toda a sua vida. O aprendizado de uma bruxa nunca acaba, independentemente de quanto tempo ela esteja praticando a Arte!

FAÇA A SUA PRÓPRIA

MAGIA

1

O PONTO
DE PARTIDA

Por mais mágica que a jornada pela Bruxaria possa parecer, dar os primeiros passos pode ser um pouco complicado. Por onde começar? Que instrumentos são necessários? Quais conceitos básicos que você precisa saber? A lista de perguntas que você tem na cabeça provavelmente é bem longa. E isso é normal!

Quando comecei a praticar a Bruxaria, lembro que eu me sentia perdida e, antes do surgimento das mídias sociais, era difícil encontrar informações com a mesma facilidade com que encontramos hoje. Este capítulo vai começar a responder a algumas das suas perguntas e definir pontos importantes sobre a Arte que eu gostaria de ter conhecido quando comecei a minha jornada.

Prepare-se para dar início à sua jornada pela Bruxaria!

ASSUNTOS
para pesquisar

Quando se trata de começar sua prática de Bruxaria, você não pode subestimar a importância de realizar suas próprias pesquisas e reservar algum tempo para estudar e aprender. Se você é uma bruxa solitária, é só com a sua própria iniciativa de aprender que você vai começar a construir uma base de conhecimento sobre a qual a sua Arte poderá crescer e evoluir.

Eu descobri, na prática, que a única maneira de fazer com que o início da jornada seja menos difícil é simplesmente começar! Você precisa partir de algum lugar, então escolha um tópico do seu interesse e comece daí. Pode ser tentador pensar que você precisa ler primeiro tudo que existe sobre Bruxaria, mas isso só vai deixá-la com uma sensação maior de que tudo é muito complicado e fazê-la se sentir ainda mais sobrecarregada, por isso não tenha receio de ser mais seletiva no início e se limitar àquilo que lhe desperta mais interesse.

Se você ler algo sobre uma prática que não lhe agrade ou a faça se sentir pouco à vontade, deixe isso de lado e siga adiante. Seus estudos servem justamente para ajudá-la a formar uma ideia melhor do tipo de bruxa que você quer ser e a percorrer o caminho que lhe parecer mais adequado no seu caso. Você provavelmente vai descobrir que um tópico leva a outro e seus estudos, à certa altura, começam a fluir naturalmente. A parte mais difícil está apenas começando.

Não existe uma maneira certa ou errada de aprender, de saber como escolher os tópicos que você deve estudar e em que ordem. O mais importante é que você se comprometa com seu próprio crescimento, não apenas como bruxa, mas como pessoa também. Não importa se o seu progresso nos estudos vai ser rápido ou não, o que interessa é a sua vontade e disposição para aprender.

Por mais tempo que pratique a Arte, nenhuma Bruxa sabe tudo. A Bruxaria é uma jornada que se faz ao longo da vida. Um tipo especial de magia ocorre quando você percebe que o propósito da sua jornada como Bruxa é continuar crescendo, evoluindo e aprofundando sua conexão consigo mesma, com a sua intuição e com o poder da natureza, não importa o quanto possa saber ou já ter avançado na sua prática.

Fases e ciclos
da Lua

A história da
Bruxaria

Tipos de bruxas e as
diferentes tradições

Tipos de feitiços

Magia das cores

ASSUNTOS PARA PESQUISAR

Cristais e suas
propriedades mágicas

Métodos de adivinhação

Os elementos

As ervas e suas
propriedades mágicas

PAGANISMO

Paganismo é um termo genérico para todas as religiões baseadas na natureza.

Os pagãos honram divindades antigas, normalmente a Deusa como a Lua e Deus como o Sol.

WICCA

A Wicca é uma marca de paganismo, chamada de religião neopagã.

A Wicca também gira em torno de se viver a vida em sintonia com a natureza e cultuar divindades antigas.

BRUXARIA

A Bruxaria é uma prática, não uma religião.

Bruxaria é um termo genérico que designa a prática da magia

PAGANISMO,
Wicca e Bruxaria

Usados com frequência em livros e nas redes sociais, muitas vezes indistintamente, os termos "Paganismo", "Wicca" e "Bruxaria" podem deixar você confusa. Também pode ser difícil saber como classificar suas crenças e como identificá-las. Existem vários "tipos" de Bruxaria (a natural, a tradicional, a ecológica etc), mas todos eles podem ser classificados de acordo com um desses três principais termos genéricos (ou muitas vezes com mais de um).

Em termos gerais, o Paganismo abrange qualquer religião, geralmente da Europa Ocidental, que não seja uma das três religiões abraâmicas – Judaísmo, Cristianismo e Islamismo. Mais especificamente, o Paganismo é o termo usado para descrever aqueles que seguem uma religião de origem popular, baseada na natureza ou na terra, e cultuam divindades antigas. Essas religiões se baseiam nos ritmos e nos ciclos do mundo natural, incluindo as estações e as fases da Lua. Os pagãos acreditam em um Deus e uma Deusa (embora alguns pagãos reverenciem vários deuses e deusas), com ênfase no equilíbrio. Sob o termo genérico do Paganismo, existe uma vasta variedade de tradições, como a Wicca, o Xamanismo, o Druidismo e o Asatrú, e, embora elas possam ser chamadas por nomes diferentes, são todas consideradas ramos do Paganismo.

O wiccano é um pagão, praticante de Bruxaria, portanto também é um bruxo ou bruxa. A Wicca é uma religião neopagã, em que a Deusa é a Lua e o Deus é o Sol; alguns ramos da Wicca também reverenciam outras divindades. Essa é uma escolha pessoal que permite que o praticante encontre seu próprio caminho e faça o que lhe parece certo. Todos os wiccanos seguem a Roda do Ano (ver Capítulo 2) e têm a Rede Wiccana como um sistema moral para as suas práticas. A Rede é uma regra simples, que afirma: "Sem a ninguém prejudicar faça o que quiseres" (Ou, numa linguagem mais atual, "Faça o que quiser, desde que não prejudique ninguém"); esses são os fundamentos da religião wiccana.

A Bruxaria é uma prática e não uma religião, e é por isso que, em inglês, ela é chamada de "craft" ou "ofício". Ela envolve trabalhos mágicos (como o lançamento de feitiços e a realização de rituais), que são norteados pelo seu próprio código de moral e ética. Uma bruxa pode seguir muitos caminhos e cabe a ela traçar o seu próprio. É importante ressaltar que todos os wiccanos são praticantes de Bruxaria e pagãos, mas nem todas os praticantes de Bruxaria são wiccanos e pagãos. Nem todas as bruxas são religiosas ou acreditam em divindades, mas todas seguem e reverenciam os ritmos da natureza.

CALDEIRÃO
Grande panela de metal na qual são fervidos ou misturados ingredientes mágicos. Ele simboliza o feminino divino.

BOLINE
Faca de cabo branco usada para cortar ervas e entalhar velas.

VELAS
Usadas em feitiços e como focal na meditação, as velas são um dos instrumentos mais comuns da Bruxaria.

INSTRUMENTOS ÚTEIS NA BRUXARIA

ERVAS, ESPECIARIAS E RESINAS
Usadas em feitiços, rituais, poções, óleos e infusões.

PILÃO E ALMOFARIZ
A maneira tradicional de triturar ervas, especiarias e resinas.

INCENSO
Representa os quatro elementos. Usado em rituais e feitiços, pois a energia é liberada quando ele é aceso.

VASSOURA
A vassoura e usada para limpeza e para "varrer" a energia negativa.

INSTRUMENTOS
úteis na Bruxaria

A escolha dos instrumentos que serão utilizados na Arte é sempre pessoal. A maioria dos instrumentos que eu uso tem uma utilidade prática, por isso me baseei na minha experiência para fazer a lista que apresento neste livro. Alguns são baratos, então também são ótimos para bruxas com um orçamento limitado. Se você optar por não usar algum deles, mas usar outros, lembre-se de que a escolha é sua e não existe um jeito certo ou errado de se fazer isso, só o que existe é o seu jeito. Use os instrumentos que forem mais adequados para você.

O caldeirão sempre será um sinônimo de Bruxaria e certamente é um instrumento útil. Por tradição, o caldeirão é uma panela de ferro fundido ou de metal, com alças e uma tampa. Ele é usado para se cozinhar sobre o fogo. Na Bruxaria, o caldeirão tem inúmeras utilidades. Ele pode ser usado para ferver ingredientes de trabalhos mágicos ou só para conter ou misturar esses ingredientes. Se você encher um caldeirão com água e acrescentar uma gota de corante alimentício preto, o caldeirão também se torna uma superfície perfeita para a prática da escriação, que é um tipo de vidência (consulte a página 168)!

A magia com velas é uma das práticas mais comuns da Bruxaria. A vela é um dos instrumentos de magia menos dispendiosos também, pois tudo que você precisa é da força da sua intenção e de algo para acender a vela. Quando se trata de Bruxaria natural, o pilão e o almofariz são instrumentos muito úteis. Embora, às vezes, sejam um pouco pesados quando sustentados na mão, é uma maneira tradicional de moer ervas, especia-

rias e resinas. Uma boa dica é se concentrar nas suas intenções enquanto você tritura os ingredientes do trabalho de magia, para amplificar a energia deles.

O incenso é outro instrumento barato que a bruxa pode usar, seja na forma de cone, vareta, grãos ou ervas. Ele representa os quatro elementos, pois a fumaça sobe no ar e é criada pelo fogo; ele é feito de materiais que cresceram na terra e é formado com o uso da água. O incenso ajuda a criar uma atmosfera mágica para o seu trabalho de magia e ajuda você a focar suas atenções no propósito do feitiço ou ritual.

O boline (ou bolline) é, por tradição, uma faca ritual com uma lâmina de fio único e um cabo branco. É usado para entalhar coisas como símbolos em velas durante um feitiço ou ritual, bem como para cortar nós e outras amarrações mágicas. O boline é útil porque não só cumpre um papel ritualístico, como tem muitos usos práticos também. Ele também pode ser usado para podar plantas e cortar ervas, barbantes e fitas.

A vassoura da bruxa em geral tem um cabo longo e pode ser feita com galhos finos amarrados num galho de salgueiro, com barbante ou palha. É normalmente usada para varrer a energia negativa.

INSTRUMENTOS
alternativos que você pode ter em casa

Por melhor que seja ter um caldeirão ou um pilão e um almofariz para usar na sua prática de magia, nem sempre a bruxa tem condições de comprar esses itens, especialmente se tiver um orçamento limitado ou ainda estiver no armário de vassouras. Mas tenho boas notícias! Na verdade, você não precisa de nenhum desses instrumentos para praticar a sua Arte. Eles são úteis, mas não essenciais. Na realidade, você provavelmente tem na sua casa objetos que podem ser alternativas perfeitas para muitos dos instrumentos mais comuns da Bruxaria! Só se certifique de limpar muito bem todos esses objetos antes de usá-los. Você vai encontrar mais informações sobre como limpá-los na página 32.

O caldeirão pode ser substituído por uma panela comum, uma panela elétrica ou qualquer tipo de recipiente resistente ao calor. Esses objetos podem ser usados para ferver os ingredientes de um feitiço, conter velas e até mesmo preparar alimentos mágicos.

O boline pode ser substituído por qualquer tipo de faca de cozinha, contanto que a lâmina seja afiada o suficiente para cortar coisas como ervas e entalhar velas.

O pilão e o almofariz são itens obrigatórios para todas as bruxas que praticam a Bruxaria natural, mas existem algumas alternativas que você pode encontrar na sua cozinha. Um moedor de café ou liquidificador podem cumprir a mesma função e, se você não tiver nenhum desses utensílios, pode usar um rolo de macarrão ou garrafa e um pano de prato. Coloque os ingredientes no pano e embrulhe-os; em seguida, use o rolo de macarrão ou a garrafa delicadamente, para triturar os ingredientes.

A varinha, uma haste fina e leve usada para canalizar e direcionar energia, pode ser feita de qualquer tipo de madeira. Vá a um parque ou outro lugar em meio à natureza e procure um galho caído que pareça chamar sua atenção; em seguida, corte-o com cuidado e até mesmo entalhe na madeira símbolos significativos da Bruxaria.

A vassoura pode ser substituída por um aspirador de pó ou até mesmo por uma pá de lixo e uma escova. É a ação de varrer a energia negativa que importa, não o instrumento que você usa para fazer isso.

A adivinhação é uma parte importante do ofício da bruxa, mas nada impede que você entalhe seus sigilos mágicos (algo que você aprenderá a fazer no Capítulo 6) numa massa salgada, em vez de fazer isso na madeira, no giz ou na pedra. Para preparar essa massa salgada, misture 2 xícaras de farinha de trigo, 1 xícara de sal e 1 xícara de água. Sove essa mistura até ela se tornar uma massa homogênea e modele em torno de 24 bolinhas. Depois, achate-as para que adquiram o formato de pequenos discos e leve ao forno a 120°C por 3 horas. Entalhe os discos quando esfriarem, focando sua intenção no propósito do feitiço ou ritual.

INSTRUMENTOS ALTERNATIVOS QUE VOCÊ PODE TER EM CASA

MOEDOR DE CAFÉ
O moedor pode substituir
o pilão e o almofariz.

FACA DE COZINHA
Utensílio presente em qualquer cozinha,
a faca pode ser usada no lugar do boline.

PANELA
Você pode usar uma panela comum
ou elétrica no lugar do caldeirão.

PÁ DE LIXO E ESCOVA
Imagine-se varrendo a energia negativa
com a pá e a escova, como faria se
estivesse usando uma vassoura.

GALHO DE ÁRVORE
Procure no chão um galho de árvore
para usar como varinha.

SIGILOS FEITOS COM MASSA
Faça seu próprio conjunto de sigilos
usando uma massa salgada.

TODO PODER JÁ ESTÁ
DENTRO DE VOCÊ

A INTENÇÃO
e a Bruxaria

A intenção exerce um papel fundamental na Bruxaria: é o que ajuda você a impulsionar sua magia na direção do seu propósito. Quando estabelece a sua intenção, você decide que resultado quer atingir no seu ritual ou trabalho de magia e depois comunica essa intenção ao universo (ou a qualquer poder a que você se dirija), da maneira mais clara e precisa possível.

Recomendo que você estabeleça intenções muito específicas ao se dirigir à força superior com a qual está trabalhando (seja o universo, uma divindade, seu eu superior ou outro poder), informando exatamente o que deseja, pois essa clareza ajuda a garantir que seu trabalho não manifestará nenhuma energia indesejada. É da sua intenção que vem grande parte do seu poder para realizar seus trabalhos de magia. Ela é uma habilidade que você desenvolverá à medida que praticar, e o que há de mais incrível sobre a intenção é que todo o poder já está dentro de você: ela não é um recurso que você precise adquirir para ativar e usar, mas uma habilidade que você pode aprimorar sem precisar usar muitos materiais.

A intenção não é a única coisa importante que você vai precisar ter para garantir que seus feitiços sejam um sucesso. Você também vai precisar da sua energia interior e da energia do ambiente à sua volta. A energia é "gerada" em resultado dos nossos trabalhos mágicos, dos ingredientes que usamos e das nossas palavras e ações. A intenção atua como um tipo de filtro para toda essa energia e funciona para nos guiar na direção do resultado que desejamos atingir. A intenção fortalece e concentra a energia que você gera, além de aumentar a eficácia do seu trabalho mágico e a velocidade com que ele dará resultados. À medida que você praticar a Arte, vai aprender a aprimorar e fortalecer sua intenção, e também a gerar energia.

Depois que você definir suas intenções, também será crucial que se certifique de fazer sua parte para conduzir o processo até obter o resultado desejado. Você deve fazer as mudanças necessárias no seu comportamento, para que possa alinhar suas ações com suas intenções e seus valores, e entrar em sintonia com o poder com o qual está trabalhando. Por exemplo, se deseja manifestar um novo emprego, você deve fazer a sua parte para ajudar a chegar a esse resultado, como manter seu currículo atualizado e se candidatar às vagas de emprego que quer.

As mudanças que você faz no seu comportamento devem ser mundanas e também mágicas. Aprender a equilibrar intenção, energia e ação a ajudará a desenvolver uma compreensão maior de como a magia funciona, e a investir todo o seu ser no processo de criação da mudança de que precisa. Quanto maior a compreensão de magia adquirida através da prática, mais eficaz a bruxa se torna em sua Arte.

TERRA | NORTE
Verde / Marron / Solstício de Inverno

Capricórnio • Touro • Virgem

Maçã, confrei, cipreste, gerânio,
todo os grãos, todas as gramíneas,
madressilva, hera, artemísia,
carvalho, prímula,
ruibarbo, verbena

ÁGUA / OESTE
Azul / Equinócio de Outono

Câncer • Escorpião • Peixes

Camomila, cardamomo,
urze, jasmim, limão, lilás,
lírio, alga-marinha,
sândalo, rosa, baunilha

AR/LESTE
AMARELO/ Equinócio de Primavera

Aquário • Gêmeos • Libra

Casca de cidreira, olíbano,
bergamota, lavanda,
verbena-limão, capim-limão,
manjerona, menta,
anis-estrelado, milefólio

FOGO / SUL
Vermelho / Laranja / Solstício de Verão

Sagitário • Leão • Áries

Pimenta-da-jamaica, manjericão,
louro, canela, trevo, coentro, endro,
erva-doce, alho, urtiga, noz-moscada,
hortelã-pimenta, alecrim

OS
elementos

A natureza é a base da Bruxaria e os quatro elementos também desempenham um papel central na Arte. Durante milhares de anos, os alquimistas trabalharam com os quatro elementos, ou seja, as partes constituintes do universo. Terra, Ar, Fogo e Água são uma parte integrante do ciclo de nascimento, morte e renascimento, que acontece em toda parte no mundo natural. Na página ao lado, incluí uma lista de algumas das ervas mais associadas a cada elemento.

O praticante de magia elemental usa o poder de um ou mais elementos em seus trabalhos. Cada um dos elementos tem um tipo específico de energia espiritual e pode ser invocado num ritual ou feitiço, para que sua energia possa ser utilizada. Isso adicionará mais energia ao ritual ou trabalho de magia. Esse tipo de magia é uma boa opção para as bruxas iniciantes, pois envolve ingredientes básicos, como terra para representar o elemento Terra, uma vela para representar o elemento Fogo, uma pena para representar o elemento Ar e um copo d'água para representar o elemento Água. Como a minha prática não se baseia em divindades ou numa religião, o trabalho com os elementos me parece muito natural. Aprender a se conectar com eles e a equilibrar suas forças em nossa vida não só enriquece a nossa Arte, como também ajuda a aprofundar nossa conexão com nós mesmas e com a natureza.

Muitas bruxas, não apenas as neopagãs (wiccanas), que trabalham com os ritmos da natureza utilizam os elementos em sua Arte. A magia dos elementos é a prática de gerar e utilizar a energia de um ou mais elementos em rituais e trabalhos mágicos. A energia é a base de tudo na magia dos elementos, que consiste basicamente em gerar essa energia, movê-la e manipulá-la na direção das nossas intenções.

Para entrar em contato com os elementos, volte-se para natureza. Saia ao ar livre e sinta, observe ou toque a terra sólida. Sinta a energia dela penetrando em você e expandindo seus sentidos, levando-a a assimilá-la por inteiro, com o olfato, a visão, a audição e o tato.

Conecte-se com o ar inspirando profundamente, enchendo os pulmões com o elemento invisível que é fundamental para a vida humana. Perceba a sensação relaxante e revitalizante que a água provoca, visite um lago ou rio, ou encha uma tigela com água, para que você possa sentir seu poder purificador.

Para se conectar com o Fogo, o elemento menos presente, mas altamente energético, acenda uma vela e concentre-se na chama, sinta seu calor, seu poder e a força da sua energia. Ou simplesmente feche os olhos e pare um instante para sentir o calor do Sol na sua pele.

A natureza tem o poder de despertar em nós uma sensação maior de equilíbrio e bem-estar, e nos conectar com os elementos é uma maneira simples de nos conectarmos com a natureza e com o universo mais amplo. A magia dos elementos é uma forma acessível de magia para bruxas de todos os níveis de saber e habilidade, independentemente do ponto em que elas estão da sua jornada pela magia.

GRIMÓRIOS E
o livro das sombras

É uma prática muito comum que as bruxas mantenham um registro da sua Arte. O modo como você faz isso é uma decisão estritamente pessoal, trata-se apenas de descobrir o que é melhor para você. Em termos gerais, as bruxas fazem dois tipos principais de registros mágicos: o Grimório e o Livro das Sombras.

O Grimório é como um livro de magia com instruções passo a passo para a realização de feitiços e rituais, informações sobre ervas e cristais e fórmulas sobre como preparar itens mágicos, como talismãs (objetos que trazem sorte). Ele não contém informações pessoais sobre a prática da bruxa, apenas todas as pesquisas mágicas que ela fez.

O Livro das Sombras é um tipo diferente de registro. Geralmente ele contém todos os aspectos pessoais do trabalho de magia e da prática da Arte, e muitas bruxas optam por fazer dele um registro particular, não algo para ser visto pelos outros.

Coisas comuns para incluir num Grimório ou Livro das Sombras:

- ☾ Um diário lunar
- ☾ Um diário dos seus sonhos
- ☾ Seu mapa natal
- ☾ Feitiços bem-sucedidos que você fez
- ☾ Rituais
- ☾ Receitas
- ☾ Propriedades mágicas de cristais
- ☾ Correspondências mágicas
- ☾ Leituras de tarô

Quer você mantenha um Grimório ou um Livro das Sombras para seu próprio uso ou opte por mostrá-los a outras pessoas, saiba que não existem regras nesse caso. Algumas bruxas (eu inclusive) mantêm um diário que é uma mistura de Grimório e Livro das Sombras, mas, como eu disse, isso é você quem decide, com base no que sente que é melhor para você.

As bruxas costumam deixar seus Grimórios e Livros das Sombras de herança para a próxima geração de bruxas. Por isso, se você é a primeira bruxa da sua família ou faz parte de uma linhagem de bruxas hereditárias, saiba que essa transmissão de conhecimento mágico de geração em geração ajuda a manter viva a chama da magia, para que ela ilumine e oriente outras bruxas.

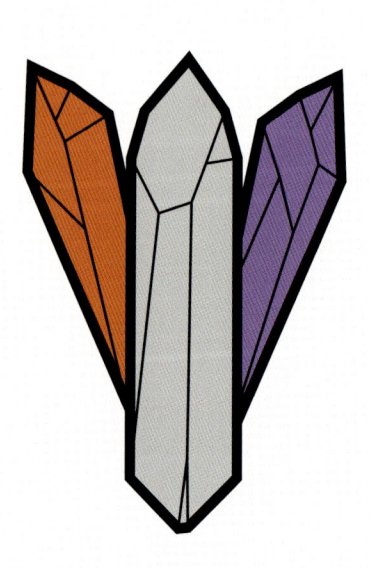

O Grimório é um livro de magia com informações sobre feitiços, rituais e outros trabalhos de magia. Ele contém conhecimentos mágicos em geral e muitas vezes não inclui informações pessoais. O Livro das Sombras contém informações mágicas pessoais, que normalmente não são compartilhadas com outras pessoas. Ele inclui os registros da bruxa sobre seus sonhos, experiências e pensamentos pessoais.

 # COMO MONTAR
o seu altar

Os altares podem ser montados para inúmeros propósitos. Alguns altares são erigidos para homenagear uma divindade específica, enquanto outros são locais de trabalho onde a bruxa lança seus feitiços e realiza rituais. Também existem aqueles que podem ser uma mistura dessas duas coisas. Seu altar pode ser ornamentado ou simples, grande ou pequeno, isso só depende de como você quer que ele seja. Você também pode montá-lo onde quiser, assim como pode ter mais de um, se preferir ter um altar só para seus trabalhos mágicos e outro, digamos, para reverenciar seus ancestrais.

O material que você vai usar para criar o seu altar e a aparência que ele vai ter dependem do seu gosto pessoal. Realmente não existem regras a seguir, pois seu altar é a representação da sua Arte e deve ser adequado ao propósito que você quer que ele tenha.

Os altares de culto aos ancestrais não são apenas para a ocasião de Samhain (consulte a página 36). É uma prática comum, entre algumas bruxas, reservar um espaço em algum lugar para homenagear os ancestrais. Esse altar pode incluir fotos antigas, itens pessoais pertencentes aos familiares que já partiram, bem como oferendas dos alimentos e bebidas favoritos desses entes queridos.

Ao escolher o que você colocará no seu altar, uma boa dica é se certificar de que cada peça sobre o altar tenha um significado para a sua Arte e sua espiritualidade. À medida que você avança em sua jornada espiritual, provavelmente descobrirá que seu altar se desenvolverá junto com você e refletirá o modo como você está se desenvolvendo, tanto na prática da Bruxaria quanto no nível pessoal. Assim como ocorre com o seu Grimório ou com o seu Livro das Sombras, você não tem que compartilhar fotos do seu altar com outras pessoas se não se sentir confortável para fazer isso ou se preferir mantê-lo para seu uso particular e para a Arte apenas. Mas se você se sentir à vontade para fazer isso e quiser mostrar seu altar a outras pessoas, também não há nada de mau nisso! É o seu espaço pessoal para praticar magia e você decide se você quer compartilhá-lo com outras pessoas ou não.

Lembre-se de que você não precisa compartilhar com ninguém nada que faça parte da sua Arte, se isso a deixa desconfortável. Muitas bruxas mostram aspectos da sua Arte nas redes sociais, como fotos dos seus altares e seus trabalhos de magia, mas isso não significa que você deva se sentir pressionada a fazer o mesmo, se não quiser. Nenhum aspecto da sua Arte precisa ser compartilhado, independentemente das tendências das mídias sociais; portanto, não se sinta obrigada a fazer o que todo mundo está fazendo.

COMO MONTAR O SEU ALTAR

1. Velas   **2.** Incenso   **3.** Pilão e almofariz   **4.** Cálice   **5.** Grimório/Livro das Sombras
6. Representações de divindades   **7.** Prato de oferendas   **8.** Caldeirão   **9.** Representações dos elementos
10. Dádivas da natureza: cristais, pedras, folhas, terra, flores, conchas   **11.** Varinha   **12.** Toalha do altar

BRUXARIA ECOLÓGICA

Cultive suas próprias ervas

Não enterre materiais que não sejam biodegradáveis

Prefira livros de segunda mão

Evite usar itens de plástico descartáveis e encontre alternativas mais sustentáveis

Compre ervas a granel

Compre cristais e ervas extraídos e coletados de forma ética

Reutilize e reaproveite objetos como potes e garrafas

Descarte com consciência os restos dos seus feitiços

Colete sua própria água para usar na sua Arte

Busque na natureza os ingredientes dos seus feitiços, mas pegue apenas o que precisa

BRUXARIA
ecológica

Quando praticamos nossa Arte, é importante nos certificarmos de não causar nenhum impacto negativo sobre o meio ambiente. Existem muitas pequenas dicas e truques para ajudar tornar sua prática mais ecológica. As ações que empreendemos podem não só proteger o planeta, mas ajudar a tornar nossa magia mais poderosa, porque ela estará mais em sintonia com as forças da natureza.

Se você quer gerar e usar a energia da natureza, é importante que tenha um bom relacionamento com o mundo natural, pois é contraproducente abusar do poder com o qual você deseja trabalhar. Dependendo das escolhas que fazemos na nossa Arte, podemos exercer um impacto positivo sobre o meio ambiente; e, quanto mais frequente esse impacto positivo, mais profunda se torna a nossa conexão com a natureza.

Existem maneiras mais óbvias de tornar a sua Arte um pouco mais ecológica, como reaproveitar e reciclar itens como potes e garrafas de vidro e evitar plásticos descartáveis. Você também pode coletar água de chuva para fazer seus trabalhos de magia e ter o cuidado de não enterrar materiais que não sejam biodegradáveis, como velas de cera.

Uma das melhores maneiras de você exercer um impacto positivo sobre o meio ambiente é procurar se informar sobre a procedência de todos os itens que compra, como cristais, óleos essenciais, incenso e ervas. Infelizmente, o comércio global desses produtos tem um lado sombrio. Muitos dos grandes produtores usam pesticidas em suas ervas ou adicionam ingredientes sintéticos aos óleos essenciais. A coleta excessiva do sândalo, por exemplo, prejudicou grande parte do ecossistema da Austrália e da Índia, e a indústria da mineração de cristais também está crivada de conflitos: os cristais não são um recurso renovável e essa indústria enfrenta grandes problemas relacionados à sustentabilidade, assim como questões relacionadas ao trabalho infantil e à exploração de mão de obra. É bom saber a origem dos itens que você compra, para poder fazer uma escolha mais ética.

Quando se trata de ervas, que tal cultivar algumas você mesma? Essa é a maneira mais ecológica de obter as ervas de que vai precisar nos seus trabalhos mágicos, e alecrim, tomilho, manjericão, capim-limão e hortelã são fáceis de cultivar em canteiros ou vasos. Coletar ervas é outra ótima opção e você pode se surpreender ao descobrir quantas ervas crescem naturalmente nas proximidades da sua casa. Só se certifique de pegar apenas o que você precisa, em vez de tomar posse de tudo o que encontra pelo caminho. Essa também é uma ótima maneira de aprender mais sobre as ervas.

BRUXARIA
consciente

Assim como é bom ter mais consciência das questões ambientais ligadas à sua Arte, também é importante ter consciência das origens das nossas práticas de Bruxaria. Nós procuramos ter as melhores intenções, mas é muito importante fazer uma pausa para avaliar nossas práticas e ter a mente aberta para que possamos aprender de onde elas vieram e como elas podem afetar as outras pessoas.

Nos últimos anos, tornou-se uma tendência queimar sálvia-branca. Essa prática passou a ser comum e agora a sálvia-branca pode ser encontrada com facilidade na Internet e em muitas lojas esotéricas. Essa prática em que a sálvia-branca é queimada e, em seguida, a fumaça é espalhada pelo cômodo com uma pena, é amplamente conhecida como *smudging*, um tipo de defumação xamânica. O problema é que essa defumação faz parte de uma cerimônia sagrada muito maior, realizada pelos indígenas norte-americanos.

A terminologia é importante. O *smudging* é muitas vezes tirado do contexto para significar apenas o ato de queimar sálvia-branca com o objetivo de fazer uma limpeza energética numa pessoa ou num cômodo. Essa é, porém, apenas uma pequena parte da cerimônia tradicional indígena de purificação. Por respeito à comunidade dos indígenas norte-americanos, muitas pessoas evitam usar o termo *smudging* e a sálvia-branca, e optam por usar o termo genérico "defumação" e queimar ervas nativas da região onde moram, como alecrim, lavanda e zimbro.

O mesmo pode ser dito do Palo Santo, que é uma erva considerada sagrada pelos indígenas e é muitas vezes usada na cerimônia de *smudging*. Embora seja considerada sagrada por esses povos indígenas, o Palo Santo, que é a madeira retirada da árvore *Bursera graveolens*, se tornou amplamente conhecido e é pivô de enormes problemas de sustentabilidade também. Ao contrário do que muitos pensam, a árvore do Palo Santo não está ameaçada de extinção, mas seu habitat natural, sim, e a sua colheita excessiva tem dizimado as florestas tropicais da América do Sul, onde essas árvores crescem. O Palo Santo só é extraído de forma ética quando a madeira é retirada de árvores que caíram naturalmente e está seca. Mesmo assim, ele não deveria ser usado como parte de uma cerimônia de defumação, a menos que a pessoa seja indígena ou pratique xamanismo.

Existem muitas alternativas ao Palo Santo; a verbena, o milefólio e a artemísia, por exemplo, são ótimos para se usar em defumação. Mas, se você decidir que ainda assim quer usar o Palo Santo ou a sálvia-branca, procure comprá-los de pequenos produtores, que utilizem métodos de cultivo sustentáveis. As grandes corporações estão mais propensas a praticar a coleta excessiva e, se você pensa nesses materiais, é bom que pelo menos contribua com os meios de subsistência das comunidades indígenas ou entenda mais sobre as origens dessas práticas espirituais.

ERVAS ALTERNATIVAS PARA A LIMPEZA ENERGÉTICA

1. Canela – Capacidades psíquicas, dá mais energia **2.** Hortelã-pimenta – Renovação, descanso
3. Capim-limão – Energização, capacidades psíquicas **4.** Zimbro – Regeneração, proteção
5. Lavanda – Cura, calmante **6.** Alecrim – Cura, proteção
7. Folhas de louro – Prosperidade, proteção **8.** Cedro – Proteção, longevidade

LIMPEZA
energética

A limpeza energética é uma prática para remover energias negativas de uma pessoa, lugar ou objeto. Muitas bruxas fazem essa limpeza regularmente em casa para criar uma atmosfera tranquila e equilibrada, onde residir e praticar magia. Também é muito útil que, antes de lançar um feitiço ou realizar um ritual, a própria bruxa passe por uma limpeza energética, assim como seus instrumentos mágicos, de modo que sua energia pessoal fique mais equilibrada e o ambiente mais propício para a execução das práticas mágicas. A limpeza dos instrumentos também evita que energias indesejáveis fiquem impregnadas neles, afetando a energia e o resultado dos trabalhos.

Quanto a queimar ervas com o propósito de limpeza, embora a sálvia-branca seja muito usada para esse fim, com todas as questões culturais e de sustentabilidade que já citamos, recomendo que você opte por outras ervas purificadoras. Existem muitas outras alternativas com propriedades purificantes, que você pode usar na limpeza energética, portanto escolha aquelas que estejam mais de acordo com a sua intenção.

A limpeza energética não é feita apenas com ervas. Existem vários outros métodos e muitos dos quais exigem poucos ou nenhum instrumento, por isso são perfeitos para as bruxas que não querem ou não podem gastar. Entre esses métodos estão a visualização e o uso da chama de uma vela branca. Se optar pela visualização, sente-se confortavelmente e segure na mão o objeto que você quer limpar. Agora visualize uma luz branca brilhante pairando sobre o objeto e, em seguida, se derramando sobre ele e levando com ela qualquer energia negativa que esteja dentro ou na sua superfície.

Também é possível fazer uma limpeza energética no ambiente usando sons, pois eles ajudam a combater a energia estagnada e aumentam a frequência vibratória do espaço onde reverberam, afastando a energia que não está em ressonância com as vibrações que emitem.

Outros métodos de limpeza sem ervas incluem banhos rituais, a vassoura usada para "varrer" a energia negativa, água energizada, a prática de enterrar por 12 a 24 horas o objeto impregnado com energias negativas ou colocá-lo sob a luz do Sol ou da Lua, dependendo da sua intenção. A luz solar está associada à ação e à energia, enquanto os raios do luar são associados à limpeza e à energização. A fase da Lua também é importante: certifique-se de escolher a fase que estiver mais em sintonia com suas intenções, para que possa se valer do tipo exato de energia que está tentando gerar. Muitas bruxas limpam regularmente o espaço em que moram para que assim possam criar um ambiente pacífico e um ambiente equilibrado onde viver.

Vibrações sonoras: os sons vibram e purificam o espaço de toda negatividade
Visualização: purifique seu espaço visualizando uma luz branca se expandindo até preenchê-lo
Água floral: adicione pétalas de flores à água quente e deixe o vapor purificar o ambiente
Luz branca: use a chama de uma vela branca para afastar a negatividade
Sprays: encha um borrifador com água energizada e borrife seu espaço com ela
Óleos essenciais: use um difusor para purificar o ambiente com um
óleo essencial purificador, como o de lavanda

YULE
Solstício de inverno

SAMHAIN
Véspera do Dia de Todos os Santos

IMBOLC
Dia da procissão com velas

MABON
Equinócio de Outono

OSTARA
Equinócio da Primavera

LAMMAS
Massa do pão

BELTANE
Véspera de Primeiro de Maio

LITHA
Solstício de Verão

2

A RODA
DO ANO

Este capítulo irá apresentar cada um dos oito Sabás – festivais religiosos neopagãos que celebram as fases de mudança das estações. Ele também incluirá uma tiragem de tarô para cada um dos Sabás e minhas correspondências favoritas para você usar nos seus rituais, durante cada um desses Sábas. As correspondências são listas de instrumentos e outros itens, como cristais, ervas, cores e divindades que são agrupados por terem propriedades mágicas semelhantes. Essas listas são muito úteis quando se está planejando e realizando qualquer tipo de feitiço ou ritual.

A celebração dos Sabás nos ajuda a entrar em sintonia com a Mãe Natureza, enquanto observamos os ciclos terrestres e celestes. Os Sabás correspondem aos movimentos do Sol e das estrelas e à mudança das estações no mundo natural. Eles são costumes pré-cristãos relacionados principalmente aos festivais agrícolas celtas, que deram origem aos seus nomes. Eles são uma maneira de marcar a passagem do tempo, pois a Roda nunca para de girar.

Nem toda bruxa celebra todos os Sabás. Para honrar o giro da Roda, algumas celebram Samhain, outras comemoram apenas os solstícios, enquanto algumas optam por seguir a mudança das estações à medida que o ano passa. Não existe uma maneira certa ou errada de honrar os Sabás e é sempre melhor seguir o caminho que parece mais adequado para você.

O SIGNIFICADO DE
Samhain e as cartas de tarô

SIMBOLIZA: Morte, ancestrais, honra, o véu entre os mundos fica mais tênue, o Ano Novo das Bruxas, espíritos e o mundo espiritual, mudança, sabedoria

Samhain (pronuncia-se "Sou-em") é um sabá celta celebrado em 31 de outubro no Hemisfério Norte e em 1º de maio no Hemisfério Sul. É o primeiro dos quatro festivais do fogo, que marcam os quatro pontos médios da Roda do Ano, entre os equinócios de primavera e outono e os solstícios de verão e inverno. Ele marca o fim do verão nos antigos calendários agrícolas celtas. Um dos Sabás Maiores, Samhain é o início do Ano Novo das Bruxas e o final da terceira e última colheita.

Cada Sabá está associado a uma fase diferente da vida do Deus e da Deusa. Esse é um sistema de crenças mais pagão e neopagão e não precisa fazer parte das suas celebrações sabáticas como bruxa, se não fizer sentido para você. Você ainda pode comemorar o giro da Roda através da sua conexão com a natureza, observando a mudança das estações à sua volta e a passagem natural do tempo na Terra.

Nesse Sabá, morre o Deus do verão, representado pelo Sol, o que significa que, no Hemisfério Norte, o inverno está chegando, à medida que se inicia a metade mais sombria do ano. A morte do Deus tem um efeito direto sobre o mundo natural, causando a queda das folhas das árvores, enquanto ele se retira para as sombras, antes de renascer em Yule.

Muitas religiões pagãs, incluindo a Wicca, cultuam a Deusa Tríplice, em seus aspectos de Mãe, Donzela e Anciã. Cada aspecto está em sintonia com uma fase diferente da Lua e representa as três fases principais da vida da Deusa, que refletem a experiência humana, independentemente do gênero, desde o nascimento até a morte. Em Samhain, a Deusa se transforma, assumindo a sua face de Anciã e chora profundamente a morte do Deus durante seis semanas, até o próximo Sabá, Yule. A entrada da Deusa na fase da Anciã mostra a necessidade de se desapegar do passado, para poder seguir em frente.

No Sabá de Samhain, o véu entre o mundo dos vivos e o dos mortos está muito mais tênue. Por tradição, essa é a época do ano em que tentamos nos comunicar com aqueles que estão do outro lado do véu, o que torna Samhain um momento propício para qualquer método de adivinhação, seja o tarô, o pêndulo, as runas ou a escriação.

Aproveite esse período de transformação, quando pairamos entre a luz e a escuridão, pois Samhain marca o ponto médio entre o equinócio de outono e o solstício de inverno. Deixe para trás as coisas que não servem mais para você e, em vez disso, olhe para o ano novo com otimismo.

1. HONRE
Como posso honrar meu ancestrais?

2. CONECTE-SE
Como eu posso me conectar melhor com eles?

3. SOMBRA
Que sombras eu preciso confrontar?

4. LIBERAR
O que meus ancestrais querem que eu deixe para trás?

5. ORIENTAÇÃO
Uma mensagem dos meus ancestrais

6. FOCO
Que dons ancestrais você quer que eu canalize?

RITUAIS DE SAMHAIN

Monte um altar com fotos dos seus familiares que já se foram.

Deixe oferendas ao ar livre para os mortos.

Faça uma refeição em silêncio em honra daqueles que já partiram.

Acenda velas em homenagem aos seus ancestrais.

Faça uma vassoura de bruxa para "varrer" a negatividade.

Lance um feitiço de proteção para a sua família e compartilhe histórias.

Prepare receitas de família usando as especiarias abaixo.

Pratique métodos de adivinhação.

CORRESPONDÊNCIAS DE SAMHAIN

Cerridwen, Hécate, Lilith, Osíris, Deus Cornífero, Deméter, Perséfone

Citrino, Cornalina, Ametrina, Pedra-da-lua, Hematita, Ágata Botswana, Ágata

Alecrim, Artemísia, Absinto, Estragão, Folhas de Louro, Agulhas de Pinheiro, Urtiga

Maçãs, Pães de Nozes, Abóbora, Biscoitos de Gengibre, Tubérculos

Sândalo, Sangue de Dragão, Benjoim, Patchouli, Canela

CORRESPONDÊNCIAS PARA
rituais e feitiços de Samhain

Os rituais de Samhain não precisam ser longos nem complicados, a não ser que você prefira que sejam. Às vezes, rituais simples são os mais cheios de significado. Existem muitas coisas que você pode fazer em Samhain para ajudá-la a se conectar com o ciclo sazonal da natureza.

O ritual é uma ação com uma intenção e um propósito específicos. Ele pode ser algo tão simples como acender um fogo ritual (que pode ser uma grande fogueira ao ar livre); entalhar uma abóbora, usando esse entalhe para se conectar com as forças da natureza, que nos ancoram e equilibram; ou preparar receitas culinárias em homenagem àqueles que já se foram.

Nessa época do ano, é comum a bruxa montar um altar em memória dos seus entes queridos que partiram, principalmente aqueles que praticavam a Arte, e para celebrá-los. Se você é a primeira bruxa da família e não tem parentes de sangue que seguiam os Velhos Costumes, mesmo assim você ainda pode honrar nossos irmãos e irmãs da Arte que já faleceram; não é necessário que eles sejam seus parentes de sangue, pois o parentesco nesse caso é por afinidade e a homenagem, um gesto simbólico.

No altar dos ancestrais, coloque fotografias e objetos pessoais que tenham pertencido à pessoa que você deseja homenagear (como um anel), ou oferendas compostas de seus pratos e bebidas favoritos. Também costuma-se colocar água nesse tipo de altar, para os espíritos dos mortos. Se você não tem nenhuma foto dos seus ancestrais, pode escrever o nome da pessoa num papel e colocá-lo sobre o altar.

Se você quiser fazer uma oferenda para os mortos em Samhain, saiba que existem muitas opções. Você pode visitar um cemitério e colocar uma moeda no túmulo de um ente querido para honrá-lo ou deixar uma oferenda de carne, tabaco, velas de cores escuras ou moedas, para os espíritos daqueles que estão do Outro Lado. Você também pode derramar no chão uma dose de alguma bebida, geralmente alcoólica.

Outro ritual tradicional é fazer uma refeição em homenagem aos mortos. Nesse caso, você deve colocar um lugar extra na mesa e servir um prato extra de comida para representar o espírito da pessoa ou pessoas que você quer homenagear. A refeição é então feita em silêncio e a comida é jogada fora depois, como um sinal de respeito aos mortos.

O SIGNIFICADO DE YULE
e as cartas de tarô

◇◇◇◇

SIMBOLIZA: Inícios, ciclos, renascimento, descanso, gratidão, luz e sombra

Yule é um Sabá Menor, celebrado entre 21 e 23 de dezembro no Hemisfério Norte e entre 20 e 23 de junho no Hemisfério Sul. Esse evento astrológico é também conhecido como solstício de inverno: a época do ano em que estamos no auge da escuridão, com a chegada da noite mais longa e do dia mais curto do ano. Desse ponto em diante, os dias ficam um pouco mais longos, à medida que deixamos a metade escura do ano para atrás. Esse é um momento em que a Roda se move do declínio para o apogeu, com a promessa de dias mais iluminados. Yule celebra o eterno ciclo de vida, morte e renascimento, bem como o triunfo da luz sobre as trevas.

Yule é um dos oito Sabás mais celebrados, pois suas tradições e costumes estão arraigados na cultura popular. Árvores de Natal, luzinhas brilhantes, presentes, um nascimento divino, bolos de natal e muitas outras tradições são todas de origem pagã. As luzes que as bruxas acendem, sejam velas, sejam lâmpadas elétricas, originam-se da tradição pagã de acender velas e fogueiras rituais para atrair de volta o Sol e comemorar a chegada de dias mais claros e brilhantes.

O solstício de inverno é o melhor dia do ano para a autorreflexão. A noite mais longa do ano proporciona a escuridão de que precisamos para olhar para nós mesmos. Podemos avaliar o ano que passou, as coisas boas e ruins, as coisas que você aprendeu e as coisas que deseja alcançar no futuro e refletir sobre tudo isso. É hora de plantar sementes e definir metas e intenções para o ano novo, que lhe dará novas oportunidades de crescimento. Yule é um momento de energia silenciosa, o que faz dele o momento perfeito para descansar, recarregar as baterias e cuidar da saúde física e mental.

Quando a Roda gira até Yule, o Deus que morreu em Samhain renasce por meio da Deusa. O solstício de inverno marca o dia mais longo do ano e, desse ponto em diante, os dias ficam mais longos, enquanto se dão as boas-vindas ao Sol. O retorno do Sol representa o renascimento do Deus, às vezes conhecido como Rei do Carvalho, que reinará sobre os dias mais longos e as noites mais curtas. Embora seu poder ainda não seja pleno, prova disso são os dias ainda relativamente curtos, o poder de Deus irá aumentar cada vez mais, até atingir seu apogeu novamente, em Litha.

YULE

Yule marca o giro da Roda, da escuridão para a luz, do declínio para o apogeu.

O festival marca o solstício de inverno, o dia mais curto e a noite mais longa.

É hora de plantar sementes, descansar, refletir e se abastecer para os meses mais frios.

Esse festival marca o início dos 12 dias em que se celebra o retorno do Sol.

Ele reverencia a Deusa, dando à luz o deus conhecido como Rei do Carvalho.

É um festival do fogo que celebra o renascimento e a chegada de dias mais longos.

1.
O que eu devo deixar para trás?

2.
Que sementes preciso plantar?

3.
O que mais precisa da minha energia?

4.
O que menos precisa da minha energia?

5.
O que a escuridão revela?

6.
Sobre o que eu preciso refletir?

7.
Como posso nutrir meu espírito?

CORRESPONDÊNCIAS PARA
rituais e feitiços de Yule

Yule é o Sabá mais fácil de celebrar, principalmente se você for uma bruxa que ainda não saiu do armário de vassouras, pois muitas das antigas tradições de Yule foram incorporadas às celebrações cristãs. Muitas delas correspondem às celebrações de Natal "tradicionais", por isso não levantam suspeitas caso sejam praticadas pela bruxa. Existem muitos rituais ainda significativos, como decorar a árvore de Yule, fazer biscoitos de gengibre, decorar um tronco de Natal e beber vinho quente, todos com origens pagãs, que podem ser realizados para celebrar esse Sabá. Essas tradições também podem ajudá-la a se conectar com a estação, trazendo a natureza para dentro de casa.

Decorar seu próprio tronco de Yule é uma ótima maneira de celebrar esse Sabá. O tronco é decorado com sempre-vivas, velas, pinhas, frutas secas e, tradicionalmente, os presentes que as pessoas queiram receber dos Deuses. Depois de enfeitar seu tronco, faça um ritual simples de Yule, que é uma maneira significativa de dar as boas-vindas ao retorno do Sol. Leve seu tronco de Yule para dentro de casa algumas semanas antes do solstício de inverno, para decorá-lo. Na noite do solstício, faça uma fogueira e queime o tronco. Por tradição, uma parte do tronco de Yule é queimada todas as noites, até a décima segunda noite (a última noite dos Doze Dias de Natal). Você pode queimar ervas como alecrim, cravo, olíbano e noz-moscada sobre o tronco, mas não queime visco, pois ele produz uma fumaça tóxica.

Os pinheiros são cortados e levados para dentro de casa, para simbolizar o renascimento e a renovação. Árvores perenes como os pinheiros simbolizam o poder sobre a morte, porque permanecem verdes o ano todo. Confeccionar uma coroa de agulhas de pinheiro é uma ótima maneira de celebrar Yule, porque os pinheiros, pelo fato de serem perenes, são considerados árvores capazes de derrotar os demônios de inverno e conter até a força da própria morte.

Outro antigo ritual de Yule é fazer Wassail, uma bebida alcoólica de sidra com especiarias, com a qual se costuma brindar à saúde. A bebida era servida quente, numa xícara grande ou num cálice, e compartilhada entre as pessoas presentes, que levantavam o cálice antes de beber e diziam *"waes hael"*, cuja resposta era *"drinc hael"*, que significa algo como "beba e fique bem". Dizia-se que Wassail era uma bebida que afastava os maus espíritos e garantia uma boa colheita no ano seguinte, por isso um cálice dela era derramado na terra para estimular a fertilidade.

Uma receita simples de Wassail compõe-se de 8 xícaras de sidra de maçã, 2 xícaras de suco de laranja, 2 xícaras de suco de *cranberry*, 2 xícaras de conhaque com especiarias, 2 paus de canela, 1 colher de sopa de cravo, pimenta-da-jamaica, gengibre e noz-moscada a gosto (geralmente 1 colher de sopa de cada). Coloque a mistura numa panela e cozinhe em fogo baixo por duas horas.

RITUAIS DE YULE

Faça biscoitos de gengibre.

Decore um tronco de Yule
e uma árvore de Yule.

Beba Wassail, vinho quente
com especiarias ou chocolate
quente com canela.

Contemple o Sol se elevar no céu
depois do dia mais curto do ano.

Acenda uma fogueira ritual.

Confeccione uma guirlanda
com agulhas de pinheiro.

Reserve algum tempo para refletir.

Entalhe sigilos em velas
e depois acenda-as.

CORRESPONDÊNCIAS DE YULE

Tanzanita, Ônix, Turquesa,
Ametrina, Calcita,
Crisocola, Granada

Visco, Azevinho, Pinheiro,
Noz-moscada, Cravo-da-índia,
Canela, Cardamomo, Olíbano

Krampus, Holda, Deméter,
Ceres, Rei do Carvalho, Baldur,
Dionísio, Frigga, Hórus

Sidra, Fruta, Nozes,
Legumes, Pudim de Ameixas

Mirra, Zimbro,
Cedro, Pinheiro

IMBOLC

Imbolc celebra os primeiros sinais da primavera e o fim do inverno.

É um Sabá que fica no ponto médio entre o solstício e o equinócio.

É um momento em que se costuma reverenciar a deusa Brigid como a deusa do fogo doméstico.

O renascimento do Sol também é celebrado junto com a recuperação das Deusas.

Imbolc é um Sabá de purificação, por isso é uma boa hora para você eliminar da sua vida aquilo que não lhe serve mais.

Imbolc é o momento de abrir espaço para novas oportunidades e novos inícios.

1.
Em que áreas da minha vida eu preciso crescer?

2.
Como posso fomentar esse crescimento?

3.
O que eu devo eliminar da minha vida?

4.
Como eu facilito essa eliminação?

5.
Como posso nutrir a mim mesma?

O SIGNIFICADO DE

Imbolc e as cartas de tarô

◇◇◇◇

O festival gaélico de Imbolc (pronuncia-se "i-môlc") é comemorado do dia 1º de fevereiro ao pôr do sol do dia 2 de fevereiro no Hemisfério Norte, e do dia 1º a 2 de agosto no Hemisfério Sul. Também conhecido como Dia de Santa Brígida, Imbolc é um dos Sabás Maiores, que marca o fim do inverno e o começo de um novo ciclo agrícola. É o primeiro festival do fogo e uma celebração do início da primavera, à medida que os dias continuam a ficar mais longos e os primeiros brotos começam a despontar da terra fria.

Esse Sabá, que fica entre o solstício de inverno e o equinócio de primavera, marca o meio do inverno e, embora a terra possa parecer dormente e morta, abaixo do solo a energia telúrica está despertando. Se olharmos com atenção, podemos ver alguns sinais de vida no mundo natural que nos rodeia. Enquanto Yule era um momento de descanso e reabastecimento, Imbolc é o momento em que a vida começa a despertar do seu sono.

Imbolc celebra o retorno da luz à terra, e significa "na barriga", numa referência à gravidez de animais como vacas e ovelhas. Os dias estão ficando mais longos, as noites ficam mais curtas e a batalha entre a luz e a escuridão começa a dar mostras da vitória da luz mais uma vez, o que

ajuda as sementes a crescerem na terra. A Deusa, agora em seu aspecto Donzela, está se recuperando, depois de dar à luz Deus em Yule, e Brigid, a deusa irlandesa da lareira, do fogo, do parto e da obstetrícia é reverenciada durante o Sabá de Imbolc. Ela é jovem e fértil, o que se reflete na fertilidade do mundo natural nessa época do ano, e seu festival estava tão arraigado à cultura irlandesa que a Igreja Católica Romana foi obrigada a incluir o dia de Brigid como um dia santo em seu calendário e passou a chamá-lo de Dia de Santa Brígida.

No Sabá de Imbolc, o Deus ainda está em sua forma infantil, mas está crescendo em força e poder, por isso esse Sabá é associado a novas oportunidades. Como a Deusa, que se transforma ao longo do ano, alternando entre seus aspectos de Donzela, Mãe e Anciã, o próprio Deus cresce e amadurece de Sabá em Sabá, até começa a definhar e morrer, em Lammas.

Imbolc serve como um lembrete para olharmos para o mundo natural através dos olhos de uma criança e assim redescobrir suas belezas e maravilhas. A celebração dos Sabás realmente nos ajuda a estabelecer uma conexão mais forte e profunda com a natureza e seus ciclos.

RITUAIS DE IMBOLC

Faça uma Cruz de Brigid e coloque-a em seu altar.

Faça um incenso de Imbolc usando as ervas abaixo.

Faça uma boneca de milho.

Faça uma limpeza de primavera, usando uma vassoura para varrer a negatividade.

Plante sementes na terra.

Acenda uma vela vermelha em honra do Sol.

CORRESPONDÊNCIAS DE IMBOLC

Ametista, Cornalina, Calcita, Turquesa, Peridoto Pedra-da-lua, Crisocola

Canela, Manjericão, Alecrim, Absinto, Camomila, Amora

Brigid, Danu, Vesta, Diana, Atena, Gaia

Nozes, Ovos, Frutas Secas, Laticínios, Cordeiro, Sementes

Mirra, Lavanda, Olíbano, Jasmim, Cânfora

CORRESPONDÊNCIAS PARA
rituais e feitiços de Imbolc

Imbolc celebra a chegada do início da primavera, quando a natureza começa a ganhar vida. Enquanto Yule está associado a plantar mentalmente as sementes, Imbolc é o momento de plantar as sementes fisicamente no solo. A terra ainda pode parecer adormecida, mas ela está longe de estar dormente! O ato de semear ajuda a nos colocar em contato com a natureza e o ciclo de vida acontecendo ao nosso redor. Nós podemos apreciar mais essa parte da Roda do Ano se pensarmos que ela nos coloca em contato com a energia de crescimento da terra.

Imbolc é o primeiro dos três Sabás da primavera e está associado à limpeza e à purificação. Você pode fazer um ritual usando uma vassoura ou aspirador de pó, para remover qualquer energia negativa, estagnada ou indesejada da sua casa. Imbolc é um bom momento não só para varrermos as impurezas energéticas para longe, mas também para fazermos uma faxina física de primavera e organizarmos a casa, eliminando o que não usamos mais. Use esse dia como uma oportunidade para tirar da sua vida tudo o que não lhe serve mais em todos os sentidos, incluindo pessoas, situações, problemas e pertences materiais. Isso permitirá que você se abra e aproveite ao máximo as novas oportunidades e começos associados a Imbolc.

Imbolc é o primeiro de quatro grandes festivais do fogo, por isso acender uma fogueira é uma boa maneira de homenagear a estação e dar as boas-vindas à luz do Sol. Se você não pode fazer uma grande fogueira, acenda uma vela vermelha para simbolizar a chegada de dias mais iluminados e noites mais curtas. Uma boa maneira de iniciar o processo de limpeza da primavera é anotar todos os aspectos da sua vida que você quer purificar e depois queimar a lista na chama de uma vela. Imbolc não se trata apenas de uma limpeza física – essa é uma boa oportunidade de eliminar o lixo mental também.

A deusa Brigid pode ser celebrada das formas tradicionais, como confeccionando uma boneca de milho ou uma Cruz de Brigid (também chamada de Cruz de Santa Brígida). Esse é um antigo costume irlandês em que uma cruz é tecida de juncos ou capim, formando-se um quadrado no centro e amarrando-se os quatro braços no final. Se fizer uma pesquisa rápida na internet, você pode encontrar facilmente instruções passo a passo sobre como fazer essa cruz. Ela também é conhecida como Roda do Sol Celta, que é um lembrete de que Imbolc é o festival que celebra a chegada da luz do Sol.

O SIGNIFICADO DE
Ostara e as cartas de tarô

◇◇◇◇

SIMBOLIZA: Fertilidade, crescimento, renascimento, nova vida, purificação, equilíbrio

Ostara é um Sabá Menor, celebrado entre os dias 20 e 23 de março no Hemisfério Norte e entre 20 e 23 de setembro no Hemisfério Sul. É o segundo festival de primavera da Roda do Ano e uma celebração da vida, do crescimento, da fertilidade, do renascimento e da abundância. Ostara também é conhecido como Equinócio da Primavera, a época em que o dia e a noite têm a mesma duração e a luz e a escuridão estão em perfeito equilíbrio. É uma época de equilíbrio não apenas entre a luz e a escuridão, mas também entre o feminino e o masculino, entre o visível e o invisível.

Ostara tem o nome da deusa germânica da fertilidade e é celebrada de diferentes formas há centenas de anos. Essa é uma época em que o mundo natural está florescendo e a fertilidade crescente da Deusa pode ser vista na natureza à medida que ela começa a florescer. Em Ostara, a deusa é honrada em seu aspecto de Donzela enquanto ela atinge seu poder total, e o Deus passa da infância para uma maior maturidade, refletida nos dias cada vez mais iluminados. Ostara é a época do ano em que o ciclo eterno de vida, morte e renascimento está completo. Sinais da primavera podem ser vistos em todos os lugares e a fertilidade da Terra pode ser tanto vista quanto sentida.

Não há dúvida de que o festival cristão da Páscoa encontra muitas de suas raízes e conceitos espirituais no Sabá de Ostara – os próprios nomes refletem a influência pagã, pois, em inglês, a Páscoa é chamada de "*Easter*", termo cuja origem é o nome anglo-saxão da Deusa Eostre ou Ostara. A Páscoa é sobre renascimento, ressurreição e vida nova, assim como Ostara. Outra semelhança é o papel que os ovos representam em ambos os festivais. O ovo é um dos símbolos mais conhecidos de Ostara. Ele é um símbolo universal de uma nova vida e muitas vezes é carregado como um amuleto de fertilidade. Ovos de chocolate também são oferecidos de presente.

Ostara também é um Sabá associado à purificação e eliminação de quaisquer energias negativas. Depois do equinócio de primavera, a duração do dia e da noite está em perfeito equilíbrio, a Roda continua a girar e a luz triunfa sobre a escuridão. Essa é uma boa hora para eliminar qualquer energia negativa ou indesejada, continuando o trabalho que você começou no Sabá de Imbolc, fazendo outra limpeza mental e física de primavera. A eliminação daquilo que não serve mais na sua vida e a limpeza do seu espaço são essenciais para equilibrar sua energia pessoal e criarão a atmosfera perfeita para o crescimento e o desenvolvimento pessoal.

OSTARA

Ostara é a celebração da primavera, da vida nova, da fertilidade e do crescimento.

Ostara é conhecido como o equinócio da primavera, quando o dia e a noite têm a mesma duração.

A Deusa está readquirindo seu poder e o Deus está chegando à maturidade.

O inverno acabou, mas o calor do verão ainda não chegou, criando uma energia equilibrada.

É um momento de purificação, para liberar tudo o que nos impede de avançar.

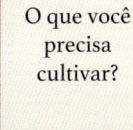

1.
Que sementes eu preciso plantar?

2.
O que você precisa cultivar?

3.
Que áreas da minha vida precisam de uma limpeza de primavera?

4.
Que partes da minha vida estão desequilibradas?

5.
Como posso trazer equilíbrio para a minha vida?

6.
Quando eu estiver em equilíbrio, o que surgirá em minha vida?

CORRESPONDÊNCIAS PARA
rituais e feitiços de Ostara

Muitas tradições de Ostara já são muito conhecidas, como a simbologia do ovo nas celebrações. Ovos de chocolate são oferecidos de presente para comemorar a Páscoa, uma das festas cristãs mais sagradas, mas o símbolo do ovo é de origem pagã. Pintar e dar ovos de presente é a maneira mais fácil e significativa de celebrar Ostara e conectar você com a fertilidade do mundo natural.

A bênção do ovo é um ritual simples que pode colocá-la em contato com a abundância da Terra. Ela consiste em proferir uma bênção simples sobre o ovo que você decorou. A bênção pode ser para a abundância, a fertilidade ou o crescimento, e as palavras podem ser tão simples quanto "Eu abençoo este ovo, símbolo do renascimento da natureza e da fertilidade da terra. Que ele traga abundância para minha vida". Dependendo das suas intenções, depois você pode comer o ovo, caso seja uma bênção para a fertilidade, enterrá-lo, caso seja uma bênção de crescimento, ou usá-lo como decoração, no caso de ser uma bênção para a abundância.

Pelo fato de esse ser o segundo dos três festivais de primavera, plantar sementes é uma ótima maneira de celebrar Ostara. Plante algumas sementes no seu jardim ou num vaso com terra. O contato físico com a terra pode causar um forte efeito de aterramento da sua energia, o que a ajuda a tirar mais proveito da força de equilíbrio da primavera. Você também pode praticar a magia da semente no lugar onde semeá-las e as impregnar com uma intenção específica. Plante-as e observe como, à medida que as sementes crescem, a força da sua intenção também aumenta.

Uma vez que o festival de Ostara está ligado à purificação, este é o momento perfeito para fazer outra limpeza de primavera. Varra todas as energias indesejáveis da sua casa com uma vassoura ou aspirador de pó e visualize a energia negativa sendo eliminada, conforme você limpa. Organize e arrume a casa e faça também um exame interior, procurando avaliar as coisas ou pessoas que estão impedindo seu avanço.

Reservar um tempo para caminhar em meio à natureza pode realmente aumentar a sua sensação de bem-estar. Saia ao ar livre e experimente procurar pelos sinais da primavera no ambiente natural ao seu redor. Pare para reparar nas novas folhas nas árvores, nas flores da estação que estão desabrochando, nos brotos emergindo do solo, e ouça o canto dos pássaros e o zumbido dos insetos. Mergulhe nessa nova vida que nasce em todos os lugares, enquanto a Terra acorda.

RITUAIS DE OSTARA

Purifique sua casa e espalhe cascas de ovos pelos cômodos para proteção.

Faça uma meditação com foco na terra.

Faça um passeio ao ar livre, procurando sinais da primavera.

Decore a sua casa com flores de primavera.

Monte um altar com flores, ovos e coelhos.

Plante sementes de ervas purificadoras, como o alecrim.

Decore ovos e os dê de presente.

CORRESPONDÊNCIAS DE OSTARA

Ametista, Jaspe Sanguíneo, Cornalina, Ônix, Lápis-lazúli, Jade, Cianita

Violeta, Tulipa, Narciso, Rosa, Jasmim, Íris, Potentilha, Madressilva, Narciso

Cernunnos, Odin, Atena, Gaia, Osíris, Afrodite

Queijo, Ovos, Sementes, Nozes, Hortaliças Sazonais, Mel

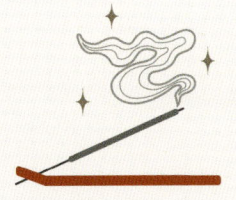

Violeta-africana, Jasmim, Rosa, Olíbano, Sândalo

Beltane celebra o início do verão.
É um festival do fogo que
celebra uma nova vida.

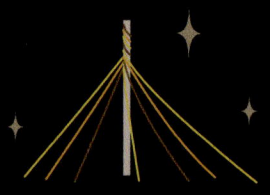

Beltane celebra a união
sexual entre o Deus e a Deusa.

É uma festividade alegre com
práticas como saltar a fogueira e
dançar em torno do Mastro de Maio.

A deusa está grávida e
sua fertilidade pode
ser vista na natureza.

As energias da terra são
fortes e a vida está
explodindo em abundância.

1.
O que eu
preciso
deixar no
passado?

2.
O que estou
pronta para
deixar vir na
minha vida?

5.
Como eu
facilito
esse
crescimento?

3.
Que parte da
minha vida
precisa
renascer?

4.
Como eu
posso
manifestar
abundância?

O SIGNIFICADO DE
Beltane e as cartas de tarô

◇◇◇◇

SIMBOLIZA: Fertilidade, vida nova, criação, crescimento, abundância, paixão, união

Beltane (pronuncia-se "Bel-teine" ou "Bil-tin") é um Sabá Maior celebrado no dia 1º de maio no Hemisfério Norte e no dia 31 de outubro no Hemisfério Sul. Ele marca o apogeu da primavera e o início do verão, e é o dia do Sabá gaélico do Dia de Maio, que celebra o fogo, a criação e a sexualidade, à medida que a fertilidade retorna à Terra. No Hemisfério Sul, esse festival coincide com a comemoração do Halloween.

Esse Sabá, que fica entre o equinócio da primavera e o solstício de verão, é o terceiro e último festival da primavera, e o terceiro festival do fogo na Roda do Ano. A vida em si é celebrada no momento em que as energias da Terra estão em seu ponto mais forte, e a criação está explodindo de poder e abundância.

Em Beltane, tudo no mundo natural está no auge da sua fertilidade, e essa é a hora em que o potencial finalmente se realizou. A natureza está literalmente explodindo de energia – as árvores floresceram, as flores desabrocharam e os botões estão se abrindo. Essa é verdadeiramente uma celebração alegre, cheia de música, canção, sensualidade, luz e alegria na chegada da metade clara do ano.

Beltane celebra o divino feminino. No Hemisfério Norte, a deusa se manifesta como a Rainha de Maio, enquanto o Deus surge como o Rei de Maio ou Jack in the Green. Nesse ponto do ano, o Deus e a Deusa são jovens e fortes. Em ambos os hemisférios, Beltane celebra a união sexual entre eles para criar uma nova vida. Essa união não só garante a fertilidade da Terra com a gravidez da deusa (ela por fim dará à luz o Deus em Yule), mas também a vinda da luz, após as trevas profundas do inverno. Agora nós reverenciamos a Deusa, enquanto ela entra em seu aspecto Mãe, e o ciclo sem fim de vida, morte e renascimento continua.

A palavra "Beltane" se origina da palavra celta que significa "Fogo Brilhante", que mostra como o fogo é importante para as festividades desse Sabá. Ele representa a metade clara do ano, bem como a paixão e vitalidade da união entre o Deus e a Deusa. Beltane é sobre a criação, e você pode canalizar essa energia criativa em todos os aspectos da sua vida, se você se conectar com a criação dentro da natureza.

RITUAIS DE BELTANE

Decore sua casa com flores, coroas e guirlandas.

Faça uma coroa de flores com as flores citadas abaixo.

Lave o rosto com o orvalho da madrugada.

Acenda uma fogueira ritual.

Crie um ritual para homenagear o sagrado feminino.

Faça magia da fertilidade.

CORRESPONDÊNCIAS DE BELTANE

Malaquita, Olho de Tigre, Cornalina, Jaspe Sanguíneo, Quartzo Rosa, Esmeralda

Aspérula, Artemísia, Prímula-silvestre, Dente-de-leão, Tulipa, Sorveira-brava

Deus Cornífero, Diana, Freya, Odin, Pan, Flora

Mel, Leite, Legumes Frescos, Bolos de Massa Leve

Olíbano, Cítrico, Jasmim, Ilang-Ilang, Pinho, Menta

CORRESPONDÊNCIAS PARA
rituais e feitiços de Beltane

Muitos dos rituais e atividades associados a Beltane estão relacionados aos temas da vida nova, da criação e da fertilidade, tudo o que nos ajuda a nos conectar com as energias poderosas e potentes da Terra.

Em Beltane, flores como lírios-do-vale, lilases e frésias estão todas florescendo e desempenham um grande papel nas celebrações do Dia de Maio. Traga o mundo exterior para dentro de casa e decore tudo com flores da primavera para simbolizar a fertilidade da natureza. Eu recomendo incluir galhos de espinheiro em sua decoração, pois eles são, por tradição, um símbolo de abundância e vida nova. Os galhos de sorveira-brava também podem ser usados na decoração, pendurados sobre a lareira (se você tiver uma), como uma bênção para a casa. Coroas e guirlandas podem ser feitas de galhos verdes e penduradas na porta, para atrair abundância. Fazer coroas de flores em Beltane é outro ritual tradicional para representar a coroa da Rainha de Maio em toda a sua fertilidade. Essa é uma maneira simples de acolher a abundância da natureza em sua própria vida e ela ajuda você a se conectar com o mundo natural. Outra maneira de realmente se conectar com a natureza é lavar o rosto com o orvalho da manhã no dia 1º de maio, pois, por tradição, essa prática traz saúde, sorte e beleza.

Como Beltane é um festival do fogo, o Sabá é por tradição celebrado com uma fogueira. Se você puder, faça uma fogueira, grande ou pequena, como quiser. Você pode até acender um pequeno fogo em seu caldeirão ou num prato à prova de fogo, com um pouco de papel e casca de limão. Uma velha tradição é saltar sobre o fogo para limpeza, purificação e fertilidade.

Os símbolos de fertilidade, assim como as flores, são bons itens com que decorar o seu altar. Se, como eu, espaço é um problema para você, seu altar não precisa ser muito elaborado. Pode ser tão simples quanto um vaso de flores da primavera, para representar a fertilidade da Terra e uma vela marrom, verde ou branca, para representar a abundância.

Beltane é um momento de amor e paixão, por isso que é a época perfeita para *Handfastings* ["atar as mãos"], o nome que se dá a casamentos pagãos. A cerimônia de casamento pagã pode não ser uma opção para você, mas, se não for, este ainda é um momento em que os casais podem se comprometer um com o outro e com seus relacionamentos, no espírito do Sabá.

O SIGNIFICADO DE
Litha e as cartas de tarô

◇◇◇◇

SIMBOLIZA: Poder, calor, abundância, adivinhação, fogo, crescimento, amor

Litha, mais conhecido como solstício de verão ou Meio do Verão, é um Sabá Menor, celebrado entre 20 e 23 de junho no Hemisfério Norte e entre 20 e 23 de dezembro no Hemisfério Sul. Ele comemora o dia mais longo do ano e a noite mais curta, pois o Sol está no auge do seu poder. Desse ponto em diante, a energia do Sol irá diminuir, os dias vão ficar mais curtos e a Roda girará até a metade mais escura do ano.

Litha é um Sabá de contrastes. Embora marque o dia mais longo do ano, sinaliza que os dias a seguir começarão a ficar mais curtos e escuros à medida que o Sol começar a se afastar da Terra e a Roda continuar se movendo. A consciência do que está por vir nos ajuda a ver e apreciar a mudança das estações, que podem ter um forte efeito de aterramento sobre a nossa energia.

Os dias claros e quentes de verão estão se afastando e a chegada da colheita é celebrada. Em Litha, a Deusa está grávida da sua união com o Deus em Beltane, e assumindo seu aspecto de Mãe. Ela assume o arquétipo da Mãe Terra e está florescendo. O Deus Sol (ou Rei do Carvalho), que se prepara para se afastar na metade escura do ano, atinge o auge da sua força nesse festival, que é o dia mais longo do ano.

Enquanto o Deus ainda é poderoso, os dias começam a ficar mais curtos a partir desse ponto, enquanto ele se prepara para morrer. Seus poderes como Deus Sol começarão a diminuir, enquanto aumenta a força do Rei do Azevinho, que rege a metade mais sombria do ano. Essa ascensão de um rei causa a morte do outro e serve como mais um lembrete de que a Roda nunca para de girar, e o ciclo de nascimento, morte e renascimento não tem fim.

Em conexão com o calendário agrícola, Litha celebra a abundância enquanto as plantações atingem sua maturidade plena e a primeira das três colheitas começa. É hora de celebrar o crescimento das sementes que foram plantadas na primavera. Também é hora de comemorar a manifestação de qualquer semente metafórica que você tenha plantado naquela época e que tenha germinado.

LITHA

Litha, também conhecido como solstício de verão, celebra o dia mais longo do ano.

Esse Sabá Menor celebra a época em que as plantações chegam à sua plena maturidade.

É um Sabá de contrastes, em que a metade mais escura do ano começa a se assomar.

A Deusa está grávida e florescente. O deus está no auge do seu poder.

O Rei do Carvalho enfraquece, enquanto o Rei do Azevinho se fortalece.

É hora de celebrar o crescimento das sementes plantadas no início da primavera.

1.
O que eu preciso libertar das sombras?

2.
Eu preciso permitir a libertação de quê?

3.
Quais são as minhas oportunidades de crescimento?

4.
Em que eu preciso focar a atenção para que cresça?

5.
Conselho para a metade escura do ano.

CORRESPONDÊNCIAS
para rituais e feitiços de Litha

Existe uma vasta gama de rituais pequenos e significativos que podem ser realizados para celebrar o solstício de verão. Durante esse Sabá, como em muitos outros, o ato de acender o fogo está no centro das celebrações e representa o Sol no auge do seu poder. Esse fogo pode ser tão grande ou tão pequeno quanto você quiser, e você pode queimar ervas como milefólio, rosas, alfazema e artemísia. Depois que o fogo apaga naturalmente, é uma tradição espalhar as cinzas frias pelos campos para garantir uma boa colheita. Guarde as cinzas do seu fogo para jogar nas plantas que você tem (dentro e fora de casa) ou para usar em qualquer magia de abundância e de fertilidade.

Essa época do ano é uma época tradicional para a colheita de ervas, especialmente ervas destinadas à magia e à preparação de remédios. Vá para algum lugar em meio à natureza e colete diferentes ervas para usar em seus trabalhos. Uma boa receita para fazer um incenso de solstício de verão é a seguinte: uma parte de tomilho, uma parte de alecrim, uma parte de lavanda, uma parte de camomila e meia parte de rosas.

Em Litha, o simples ato de observar o nascer do Sol na manhã do solstício é um ritual belo e simples que não envolve nenhum instrumento ou ingrediente, e é um lembrete do poder e do calor do Sol. Outro ritual simples é colocar uma jarra ou tigela de água à luz do Sol uma hora antes do meio-dia e deixá-la ali energizando por algumas horas. A água do Sol ficará explodindo de energia solar e servirá para eliminar energias negativas e indesejadas. Ela também dará um impulso poderoso à sua magia e pode ser usada em rituais como uma oferenda a qualquer divindade solar.

Use esse momento em que a Terra está no auge das suas forças para aterrar sua energia. O aterramento é como a meditação, mas nos permite ficar no momento presente, nos centrar novamente e nos reconectar à terra. Existem muitas técnicas de aterramento, incluindo caminhar descalça no chão para permitir que a energia da terra flua para o seu corpo. Uma técnica que eu tenho usado há anos quando me sinto desconectada é olhar ao redor e citar cinco coisas que posso ver, quatro coisas que posso ouvir, três coisas que posso tocar, duas coisas que posso perceber pelo cheiro e uma coisa que posso saborear. Essa é uma boa maneira de voltarmos ao momento presente e nos conectarmos com o mundo à nossa volta, por isso esse exercício, quando realizado em meio à natureza, aumentará seu efeito de aterramento.

RITUAIS DE LITHA

Realize um ritual do fogo e conecte-se a esse elemento.

Acenda uma vela vermelha ou amarela para celebrar o Sol.

Colete ervas para fazer magia ou remédios.

Faça uma caminhada pela natureza e procure fadas.

Faça água solarizada.

Use roupas amarelas, laranja, vermelhas e douradas.

Observe o nascer do Sol.

CORRESPONDÊNCIAS DE LITHA

Cornalina, Citrino, Pedra do Sol, Olho de Tigre, Peridoto, Âmbar, Quartzo Rosa

Madressilva, Margarida, Artemísia, Verbena, Alecrim, Samambaia, Milefólio

Afrodite, Atenas, Brigid, Cerridwen, Thor, Odin, Lugh

Frutas cítricas, Leite, Mel, Pinhões, Uvas, Sementes

Sândalo, Rosa, Lavanda, Plantas Cítricas, Pinheiro

LAMMAS

O último festival do fogo marca o fim do verão e o início do outono.

É hora de agradecer pela abundância da colheita.

Litha é a celebração da primeira colheita.

A Roda gira e se move na direção da metade escura do ano.

O Deus Lugh se sacrifica para o bem da colheita.

1.
Que sementes foram plantadas nos últimos tempos?

2.
Que sementes precisam de mais tempo para germinar?

3.
Que sementes já estão prontas para serem colhidas?

4.
O que é abundante na minha vida?

SIGNIFICADO DE
Lammas e as cartas de tarô

◇◇◇◇

SIMBOLIZA: Primeira colheita, celebração, reflexão, gratidão, sacrifício

Lammas (também conhecido como Lughnasadh ou Lughnasa) é um Sabá Maior, celebrado em 1º de agosto no Hemisfério Norte e em 1º de fevereiro no Hemisfério Sul. É também conhecido como "Lammas" (pronuncia-se "Lam-más"), um nome celta dado a esse Sabá em homenagem a Lugh, o Deus da luz (ou o Deus do Sol).

Em Lammas, Lugh morre quando o grão é colhido. O sacrifício de Lugh é honrado enquanto ele transforma sua energia no primeiro grão, para garantir uma boa colheita. O poder do Sol amadurece o grão e as sementes são guardadas para a safra do ano seguinte, quando o Deus Sol terá energia suficiente para amadurecê-las na primavera.

Lammas é a primeira das três colheitas e o último festival do fogo do ano. Desse ponto em diante, os dias continuam ficando mais curtos até o equinócio de outono. A palavra "Lammas" é derivada da palavra anglo-saxônica que significa "pão", e o pão é fundamental para esse festival da colheita. O grão era tão importante para muitas civilizações antigas que era um símbolo do ciclo de vida, morte e renascimento.

Lammas é uma celebração da generosidade da Terra e um lembrete de que ainda faltam duas colheitas e resta muito trabalho árduo pela frente. Essa celebração nos dá a oportunidade de refletir e sermos gratos pela generosidade que temos em nossa própria vida, mas também para nos lembrar de que não devemos perder de vista o quadro maior. Estamos na metade escura do ano e, mesmo que o Sol ainda esteja brilhando e aquecendo a Terra, o outono já começou e o verão acabou. O ciclo está chegando ao fim novamente, mesmo que demore meses para que as árvores comecem a trocar suas folhas.

Não é apenas Lugh que é homenageado em Lammas. A Deusa é celebrada em seu aspecto Mãe e conhecida como Mãe Grão, Mãe da Colheita, Mãe Terra e Rainha da Colheita. Pela última vez, o Deus e a Deusa se deitam antes que o Deus morra. A Deusa está no final da gravidez e seu brilho se reflete no mundo natural, o que nos ajuda a apreciar essa que é apenas uma parte de um ciclo sem fim. A Deusa então se move lentamente em direção à sua fase de Anciã, quando a Roda gira e se aproxima um pouco mais de Yule. Como todo Sabá da Roda, você não tem que honrar quaisquer deuses e deusas se não tiver vontade ou se isso não estiver de acordo com o caminho que você está trilhando. Essa é uma escolha puramente pessoal e você tem a opção de celebrar os Sabás simplesmente celebrando a mudança das estações à sua volta e se conectando com ela.

RITUAIS DE LAMMAS

Confeccione bonecas de milho.

Decore um altar com grãos, nozes e velas amarelas.

Pratique a gratidão.

Faça pão ou uma torta de maçã, entalhando sigilos na parte de cima.

Colete ervas para feitiços futuros.

Guarde as sementes para plantar no próximo ano.

CORRESPONDÊNCIAS DE LAMMAS

Aventurina, Citrino, Topázio, Obsidiana, Musgo, Quartzo Transparente, Cornalina, Ônix

Manjericão, Alecrim, Espigas de Milho, Olíbano, Urze, Murta, Girassol, Trigo

Dana, Diana, Hécate, Apolo, Osari, Deméter, Ísis

Maçãs, Trigo, Milho, Cevada, Nozes, Cenoura

Olíbano, Eucalipto, Flor de Maracujá, Sândalo

CORRESPONDÊNCIAS PARA
rituais e feitiços de Lammas

Lammas é o momento de agradecer pela primeira colheita, mantendo um olho no futuro e em tudo o que ainda deve ser feito nas duas colheitas restantes. Enquanto a Roda continua girando e avançamos ainda mais na direção da metade escura do ano, abra algum espaço para a reflexão. Pense nas sementes que você plantou na primavera e se algumas delas já se manifestaram. Se a resposta é sim, elas são a sua primeira colheita. Se houver alguma que ainda não tenha amadurecido ou crescido, esse é um bom momento para refletir sobre como você pode ajudá-las a amadurecer e a dar frutos. Certifique-se de que suas intenções estejam focadas e bem definidas e você esteja fazendo o que for possível, tanto física quanto mentalmente, para manifestar seus objetivos.

É também um momento de praticar a gratidão. Assim como os celtas celebravam a primeira colheita, agradeça pelas sementes que amadureceram e pelas coisas boas da vida. Essas são sementes metafóricas, mas também é bom guardar sementes reais de flores e das colheitas para plantar na próxima primavera.

Como esse Sabá celebra os grãos, fazer pão é uma atividade perfeita, pois pode ajudá-la a refletir sobre quanta energia é necessária para sová-lo e, portanto, sobre como o pão era precioso para os nossos ancestrais. Essa é uma maneira tradicional de se conectar com a mudança das estações e com a nossa posição dentro do ciclo. Levar flores sazonais como girassóis, lírios e lavanda para dentro de casa ou local de trabalho é outra boa maneira de celebrar Lammas discretamente.

Fazer bonecas de milho, geralmente da casca de espiga, é outra forma muito tradicional de celebrar Lammas, visto a antiga crença de que o espírito do milho se refugia nas cascas após a colheita.

Sair ao ar livre pode não parecer um ritual por si só, mas caminhar em meio à natureza na época dos Sabás realmente ajuda você a se reconectar com os ciclos e com o mundo natural. É fácil hoje em dia perdermos o contato com a natureza, porque nossa vida ocupada nos deixa muito pouco tempo livre, mas nossa conexão com a natureza nos ajuda a nos nutrir e equilibrar; portanto, se sua conexão enfraqueceu, isso pode ter um impacto negativo sobre o seu bem-estar. Caminhe em meio à natureza e olhe atentamente a vida ao seu redor. Sinta o calor do Sol e se reconecte com o ciclo eterno da vida, da morte e do renascimento que acontece à sua volta.

O SIGNIFICADO DE
Mabon e as cartas de tarô

◇◇◇◇

SIMBOLIZA: Equilíbrio, gratidão, morte, escuridão e luz, preparação

O festival de Mabon (pronuncia-se "mei-bom") é celebrado entre 20 e 23 de setembro no Hemisfério Norte e entre 20 de março e 23 no Hemisfério Sul. Também é conhecido como equinócio de outono. É a hora em que o dia e a noite são iguais e estão em perfeito equilíbrio, e celebramos o triunfo da escuridão sobre a luz. Mabon também é a segunda colheita do ciclo, um momento em que o grão adormece e apenas as plantas de inverno permanecem no chão.

É agora que começamos a sentir que o outono está finalmente chegando, à medida que as folhas começam a adquirir uma tonalidade dourada, avermelhada e marrom, e os campos estão quase vazios. O ciclo ainda está declinando e há uma sensação de relaxamento no mundo natural. A época da colheita é a época mais movimentada do ano agrícola, então Mabon nos dá a oportunidade de relaxar, de nos divertir e sermos gratos pelos frutos do nosso trabalho. Também é um lembrete para tentarmos nos empenhar para adquirir mais equilíbrio em nossa própria vida, particularmente conciliando trabalho e horas de descanso.

Em Mabon, o Deus finalmente morre e começa sua jornada para o Mundo Subterrâneo, depois de se sacrificar por causa da primeira colheita, em Lammas. O Deus se retira do mundo e, quando ele parte, leva com ele o calor e o poder do Sol, deixando o clima mais frio. A Deusa, agora em sua fase de Anciã, está envelhecendo, mesmo grávida, e sente tanto a falta do Deus que decide segui-lo para o Mundo Subterrâneo. Quando ela parte, também recolhe seu poder e sua energia, fazendo com que as folhas das árvores caiam.

Não há evidências históricas de que esse Sabá tenha recebido outro nome que não seja equinócio de outono até a década de 1970, quando Aidan Kelly, o fundador do Pacto da Deusa, começou a chamá-lo de Mabon. Desde então, esse se tornou o nome popular do Sabá. Curiosamente, a palavra Mabon aparece em documentos históricos, mas como um nome próprio e não como um festival. O nome originou-se do deus galês "Mabon ap Madron", que significa "O Filho de Sua Mãe", e as histórias galesas falam de um nascimento divino e do filho de uma mãe divina. Parece familiar? Podemos identificar esse tema com as deusas grávidas carregando o Deus, que vai nascer em Yule.

MABON

Mabon celebra a segunda colheita. Os dias e as noites agora têm a mesma duração.

Descanse enquanto a natureza começa a desacelerar e o ciclo continua a declinar.

É hora de refletir sobre as bênçãos que recebemos na vida.

O equinócio de outono é um lembrete de que devemos nos empenhar para conquistar o equilíbrio em nossa vida.

A Deusa segue o Deus para o Mundo Subterrâneo, fazendo com que as folhas caiam.

É hora de celebrar o crescimento das sementes plantadas no início da primavera.

1.
O que preciso colher na minha vida?

2.
Como eu dou as boas-vindas ao equilíbrio na minha vida?

3.
Que áreas da minha vida precisam de equilíbrio?

4.
Que bem vai emergir da escuridão?

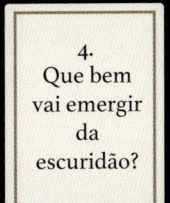

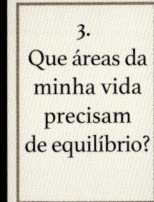

5.
Como eu posso continuar a crescer?

CORRESPONDÊNCIAS
para rituais e feitiços de Mabon

A magia da maçã é praticada em Mabon e pode ser tão simples quanto descascar uma maçã (a espécie e cor não importam) e enterrar a casca no chão, para simbolizar o ciclo de nascimento, morte e renascimento. Coma a maçã descascada para incorporar a sabedoria da fruta e as lições que você precisa aprender. Você pode guardar as sementes dessa maçã para usar em magias relacionadas ao amor, à fertilidade, à sabedoria, à beleza e à fidelidade.

As maçãs representam a segunda colheita e muitas tradições as consideram símbolos de integridade, sabedoria e orientação. Elas também são associadas com a Deusa, pois as sementes formam uma estrela muito parecida com o pentagrama, quando cortada verticalmente. As maçãs podem ser usadas em muitos rituais e atividades para celebrar Mabon. A colheita da maçã é uma atividade popular, assim como ser criativo na cozinha e fazer uma torta de maçã ou *crumbles* e *cobblers* (sobremesas de frutas e uma cobertura semelhante a uma farofa).

Mabon é o momento em que agradecemos por tudo o que a Mãe Natureza nos concedeu e é um ótimo momento para praticar a gratidão pelas bênçãos da nossa vida. Uma das minhas maneiras favoritas de praticar a gratidão é fazer o nosso próprio incenso. Enquanto você mói e mistura as ervas e resinas, demonstre profunda gratidão pelas bênçãos da sua vida. Quando você acender o incenso, a fumaça vai levar sua gratidão para o universo. Esta receita de incenso é perfeita para Mabon: 1 parte de agulhas de pinheiro, 1 parte de zimbro, 1 parte de olíbano, 1 parte de sândalo e 1 parte de alecrim.

Durante Mabon, continue o ritual de sair ao ar livre e passear num lugar em meio à natureza em cada um dos Sabás, como uma maneira de se conectar com os ciclos das estações. Colete achados de outono, como folhas e pinhas para decorar sua casa, local de trabalho ou altar, e reserve um tempo para olhar as folhas das árvores em toda a sua beleza outonal. Ouvindo o farfalhar das folhas no chão e imergindo completamente nas mudanças sazonais, você verá que tudo ao seu redor pode ter um efeito estabilizador sobre você e aterrar sua energia.

O equinócio de outono é um lembrete de que nós muitas vezes precisamos trazer mais equilíbrio à nossa vida. Essa é uma oportunidade para refletir sobre o que se passou e perguntar a si mesmo quais áreas da sua vida estão fora de equilíbrio. Acenda uma vela preta e uma branca para representar esse equilíbrio, enquanto reflete sobre como você pode ajudar a empreender na prática essa mudança, que permitirá que você alcance o equilíbrio.

RITUAIS DE MABON

Crie um feitiço ou ritual usando as correspondências abaixo.

Faça uma caminhada pela natureza e colete algumas folhas ou pinhas.

Decore um altar com velas e frutas secas.

Pratique a magia com maçãs.

Faça um incenso usando as ervas abaixo.

CORRESPONDÊNCIAS DE MABON

Hematita, Âmbar, Citrino, Ametrina, Rodonita, Topázio, Lápis-lazúli

Folhas de louro, Milefólio, Hissopo, Arruda, Alecrim, Camomila, Rosa Mosqueta, Zimbro, Pinheiro

Mabon, Thor, Perséfone, O Homem Verde, Deméter, Minerva

Maçã, Trigo, Cenoura, Milho, Melão

Canela, Cedro, Olíbano, Mirra, Pinheiro, Sândalo

LUA CHEIA

CRESCENTE GIBOSA

MINGUANTE GIBOSA

QUARTO CRESCENTE

QUARTO MINGUANTE

CRESÇA E DEIXE IR

CRESCENTE

MINGUANTE

LUA NOVA

3

A LUA*

Somos mais afetados pelos ciclos da Lua do que a maioria das pessoas pensa. No nosso dia a dia atarefado, é fácil perder a sincronia com o mundo natural. A Lua tem sido associada à magia e à Bruxaria, e cada fase dela está associada a um tipo diferente de energia. Se pudermos aprender a nos conectar com as energias da Lua durante todas as suas fases, ela pode ensinar a esperar, a crescer, mas também a deixar ir. Ela pode nos ensinar muito sobre nós mesmas, se estivermos dispostas a ouvir; e, se nos alinharmos com as fases lunares, nossa vida pode fluir com muito mais suavidade e equilíbrio, o que pode ter um impacto positivo sobre o nosso bem-estar.

Planejar seus feitiços de acordo com as fases da Lua é uma ótima maneira de aumentar a potência e a energia deles. Neste capítulo, vamos examinar as oito fases da Lua em detalhes, os diferentes tipos de magia associados a elas e os rituais que você pode realizar para ajudá-la a se conectar com o poder da Lua. Esses rituais não precisam ser muito elaborados, pois, mesmo com toda a sua simplicidade, podem ajudá-la a atingir seus objetivos.

---

* As ilustrações das fases da Lua deste livro correspondem ao aspecto da Lua do ponto de vista de um observador do Hemisfério Norte, onde o sol ilumina a Lua a partir do lado contrário ao que ilumina no Hemisfério Sul. (N. da T.)

LUA NOVA
1º *Dia*

A Lua Nova é a primeira fase do ciclo lunar. A Lua não está visível no céu nessa época, pois o Sol está atrás dela e ilumina a superfície lunar que está de costas para a Terra. A Lua Nova está associada a novos começos, por isso esse é um bom momento para começar projetos novos e criativos. É o ponto do ciclo lunar em que você dá os passos iniciais para atingir seus objetivos e, portanto, é também o momento perfeito para refletir e estabelecer novas intenções. É hora de planejar como você alcançará seus objetivos e as etapas pelas quais precisa passar para levar a cabo as suas intenções. Manter um diário é um bom ritual para a Lua Nova e pode auxiliar no processo de planejamento e reflexão.

A associação com novos começos torna esse ciclo lunar um momento perfeito para se fazer uma limpeza. Aproveite essa oportunidade para se purificar por meio de um banho ritual, adicionando sal na água, e para limpar sua casa ou o espaço onde fica seu altar. Eu gosto de queimar alecrim, zimbro e lavanda, mas existem outros métodos e ervas para limpeza (consulte a página 32), de modo que você inicie o novo ciclo lunar com a alma limpa. A Lua Nova também é associada ao banimento e à magia de desconstrução, que é o ato mágico de remover energia indesejada da sua vida. Essa magia é vista por alguns como uma prática manipulatória, pois interfere no livre-arbítrio de outras pessoas, ao passo que outros praticantes não sentem nenhum problema em usar esse tipo de magia. Essa é uma escolha pessoal que deve ser feita com base nos seus próprios sentimentos. Se o banimento é uma prática de magia com que você se sente confortável, saiba que a Lua Nova é o momento perfeito para eliminar pessoas, acontecimentos do passado, pensamentos negativos ou qualquer outra coisa que não beneficie a sua vida no presente e impeça seu crescimento.

A Lua Nova pode fazer com que algumas pessoas se sintam mais ansiosas, agitadas e cansadas, e essa é a maneira de a natureza nos sincronizar com os ritmos da Lua, como um ato de cuidado consigo mesma. Essa é a parte do ciclo que convida você a se conceder um momento de inatividade, onde possa fazer um intervalo para recarregar as baterias. O descanso é um ritual, e muitas vezes é o mais necessário, mas a maioria das pessoas se esquece dele. Se você está se sentindo sem energia neste momento, não se force a fazer nenhum trabalho que possa exigir uma dose ainda maior de energia. Você não pode verter água de um copo vazio. Primeiro, você precisa cuidar de si mesma.

Defina as suas intenções
para o ciclo lunar

Reflita, escreva
e mantenha
um diário

RITUAIS
DE LUA
NOVA

Tome um banho
purificador
com sal

Limpe o
seu espaço

Aterre a
sua energia

Insufle algumas sementes
com a sua intenção, plante-as e,
quando crescerem, o mesmo
acontecerá com as suas intenções.

LUA
NOVA

MINGUANTE

CRESCENTE

QUARTO
MINGUANTE

QUARTO
CRESCENTE

MINGUANTE
GIBOSA

CRESCENTE
GIBOSA

LUA
CHEIA

Desenvolva a sua autoconfiança

Anote suas intenções e as leia todos os dias

Estabeleça suas intenções e um plano de ação preciso

FOCO DA LUA CRESCENTE

Use afirmações positivas

Use visualizações

Ancore as suas intenções, concentrando-se num só objetivo prioritário

LUA NOVA

CRESCENTE

QUARTO CRESCENTE

CRESCENTE GIBOSA

LUA CHEIA

MINGUANTE GIBOSA

QUARTO MINGUANTE

MINGUANTE

LUA CRESCENTE
3º Dia

À medida que o Sol começa a se aproximar da Lua, ele passa a iluminar o lado direito da superfície lunar (no Hemisfério Sul, é o lado esquerdo), fazendo surgir o formato de uma crescente no céu. As energias da Lua estão começando a aumentar e ela está extremamente magnética, tornando esse um ótimo momento para a magia construtiva e para trabalhos que atraem as coisas para você, como prosperidade, um novo emprego e abundância. É hora de definir e organizar as intenções que você estabeleceu na Lua Nova, para que possa ancorá-las no plano material e fazer tudo o que for necessário para manifestar essas intenções e concretizá-las.

A Lua Crescente é um lembrete de que, sem planos precisos e claros, nossas intenções nunca passarão disso – apenas boas intenções. Embora as intenções sejam poderosas, sozinhas elas não vão ajudar você a manifestar as coisas que quer; você também precisa fazer tudo o que puder física e mentalmente para alcançar seus objetivos. Você precisa estar pronta para fazer o que for necessário para concretizar suas intenções no plano material. Isso pode significar que talvez precise mudar sua mentalidade negativa ou quaisquer comportamentos negativos que possam estar restringindo sua capacidade de realizar suas intenções. Essa fase da Lua propicia a energia de que você necessita para fazer as mudanças que a levarão a atrair, lentamente, tudo o que quer em sua direção. Ela a ajuda a concatenar todos os seus planos, de modo que tenha uma estratégia clara do que deseja fazer.

Essa fase em que a Lua recupera lentamente seu poder e energia é um bom momento para trabalhos que desenvolvem a autoconfiança e o autovalor, de modo que você possa confiar e acreditar mais em si mesma. Como essa fase da Lua estimula você a atrair o que quer para a sua vida, a visualização é um instrumento poderoso para ajudar nesse processo. Convém não tentar visualizar mais de uma coisa por vez, mas tornar as coisas o mais simples possível, para não diluir o poder da sua energia. Visualize o que você deseja com o máximo de detalhes, imagine como seria a sensação de alcançar isso e como essa conquista mudaria sua vida de uma forma positiva. Visualize e afirme isso todos os dias, ao mesmo tempo que define muito bem os seus planos, para aproveitar a energia da Lua Crescente, que impulsiona você e suas intenções para a frente. Essa fase da Lua também está associada à magia e a trabalhos de magia positivos, que podem ajudá-la a ter mais foco e determinação. É hora de ser positiva e motivada e estar pronta para pôr suas intenções em ação. A Lua também vai lhe proporcionar a energia de que você precisa para estabelecer as suas intenções.

Medite sobre o equilíbrio

Verifique como suas
manifestações estão evoluindo

Concentre-se nos trabalhos
associados à energia e
ao crescimento

FOCO DO
QUARTO
CRESCENTE

Reflita sobre qualquer decisão
que você tenha que tomar

Procure dar ênfase à criação
de energia positiva

Pesquise e pratique magia
com os elementos

LUA
NOVA

MINGUANTE

CRESCENTE

QUARTO
MINGUANTE

QUARTO
CRESCENTE

CRESCENTE
GIBOSA

LUA
CHEIA

MINGUANTE
GIBOSA

QUARTO CRESCENTE
7º Dia

Neste ponto do ciclo lunar, todo o lado direito da Lua está iluminado (no Hemisfério Sul é o lado esquerdo). Apesar do nome da fase, não parece no céu um quarto da Lua, mas uma "meia-lua". Nessa fase, o lado escuro e o lado iluminado da Lua estão iguais, o que pode ajudar a mostrar o quanto o equilíbrio é importante para o nosso bem-estar. Cada parte do ciclo lunar marca uma fase diferente da jornada das suas intenções, desde a concepção até a manifestação, e o Quarto Crescente não é diferente. Na Lua Nova, as intenções foram estabelecidas, na fase Crescente essas intenções foram mais bem definidas. Agora, no Quarto Crescente, é hora de agir e começar a se concentrar no trabalho necessário para avançar na direção dos seus objetivos. Há mais energia disponível nesse ponto do ciclo, por isso essa fase pode oferecer um impulso para ajudá-la a manifestar as suas intenções no plano material. Esse impulso pode provocar uma sensação de excitação e entusiasmo, que irá ajudá-la a seguir em frente. Isso faz do Quarto Crescente um excelente momento para trabalhos associado à força de vontade e ao crescimento da força interior e nos relacionamentos.

Com esse impulso extra, essa fase também pode ser um bom momento para você tomar decisões difíceis, especialmente se tem dificuldade nesse sentido. Essa energia inicial também é útil se você está diante de um problema, precisa romper velhos padrões de comportamento ou se deparar com quaisquer obstáculos no seu caminho, pois essa fase lhe dá a energia necessária para superar tudo isso e manter a motivação. O Quarto Crescente simboliza um período de determinação e compromisso com a ação, por isso, embora você possa ter problemas ao longo do caminho, saiba que os obstáculos não vão detê-la enquanto você mantiver os olhos focados nas intenções que deseja transformar em realidade.

O Quarto Crescente também está associado a uma pausa no tempo. Se você enfrenta problemas ou as coisas não estão fluindo tão bem quanto poderiam, use essa fase para refletir sobre quais são as suas intenções. Mantenha a mente focada no que você deseja manifestar, mas reserve algum tempo para reavaliar seus planos à luz de quaisquer problemas que encontrar. Essa fase a convida a ser receptiva com relação a quaisquer mudanças que precise fazer para reorientar sua energia na direção daquilo que quer manifestar na sua vida.

CRESCENTE GIBOSA
11º *Dia*

Nesse ponto do ciclo lunar, mais da metade da Lua está iluminada e resta apenas uma pequena porção dela não iluminada. Agora é hora de você se concentrar em suas intenções, à medida que inicia os estágios finais do planejamento. A Lua ainda está em sua fase construtiva, o que significa que você tem tempo para aprimorar seus planos e objetivos. Foco realmente é a palavra-chave nessa fase do ciclo lunar, e é hora de você examinar seus objetivos para aperfeiçoá--los uma última vez antes da Lua Cheia, a época da manifestação. Revise-os com sinceridade e esteja pronta para avaliar quais são realistas e viáveis, pois esse não é o momento de perseguir sonhos impossíveis, que não vão se desenvolver nem dar frutos. Se alguns objetivos são inatingíveis, não desperdice sua energia com eles; em vez disso, redirecione suas intenções para objetivos realistas, que só precisam daquele empurrãozinho a mais para serem atingidos. A Crescente Gibosa propicia o impulso necessário para você atingir esses objetivos.

Há uma boa chance de que os objetivos nos quais você vem trabalhando durante esse ciclo lunar comecem a dar sinais de que estão se alinhando. A energia extra oferecida pela Lua Crescente Gibosa fornece um impulso a mais para ajudá-la a atingir a linha de chegada. É por isso que essa fase da Lua é particularmente associada a feitiços para se alcançar o sucesso em todos os tipos de projetos e aspectos da vida. A época de manifestação e o auge da energia da Lua estão a apenas alguns dias de distância e essa é sua última chance de se concentrar na expansão e no crescimento dos seus planos. Essa fase é um lembrete de que o processo de manifestação não oferece resultados instantâneos, e muitas vezes precisamos esperar que nossas intenções e metas atinjam a maturidade total no seu próprio ritmo. Isso torna essa fase da Lua perfeita para qualquer trabalho de magia associado ao aumento, ao crescimento e à atração das coisas que você deseja.

Cada parte do ciclo lunar pode ter um efeito diferente em cada um de nós, e às vezes a Lua Crescente Gibosa, em vez de nos dar um impulso extra, pode nos fazer sentir como se nossos planos estivessem em compasso de espera. Isso não acontece necessariamente porque os seus planos sejam inatingíveis, mas talvez porque eles ainda estão se desenvolvendo e há muitas mudanças acontecendo abaixo da superfície. Quando uma semente é plantada, ela cresce significativamente no solo antes que o broto apareça acima do solo; pode acontecer o mesmo no caso da Lua Crescente Gibosa.

Trabalhos de magia para o crescimento e o sucesso

Magia da manifestação e meditação

FOCO DA LUA CRESCENTE GIBOSA

Registre num diário os seus objetivos e perceba como pode aperfeiçoá-los.

Rituais e feitiços para a autoconfiança

Magia da atração; feitiços de prosperidade e para atrair dinheiro

Foco na cura, nos cuidados pessoais e nas atividades terapêuticas

LUA NOVA

CRESCENTE

QUARTO CRESCENTE

CRESCENTE GIBOSA

LUA CHEIA

MINGUANTE GIBOSA

QUARTO MINGUANTE

MINGUANTE

Colha as ervas nesta fase da Lua,
pois é mais fácil desidratá-las

Adivinhação

Faça Água da Lua para beber
ou usar nos feitiços

RITUAIS
DE LUA
CHEIA

Limpe e carregue
seus instrumentos
sob os raios do luar

Limpe e carregue
seus cristais sob
os raios do luar

Faça amuletos
de proteção

LUA
NOVA

CRESCENTE

QUARTO
CRESCENTE

CRESCENTE
GIBOSA

LUA
CHEIA

MINGUANTE
GIBOSA

QUARTO
MINGUANTE

MINGUANTE

LUA CHEIA
13º a 15º Dia

A Lua Cheia é a mais celebrada de todas as fases do ciclo lunar, devido à sua associação com o poder. A Lua está totalmente iluminada e no auge do seu poder, por isso ela oferece a energia de que precisamos para superar qualquer desafio que possamos enfrentar e nos proporciona uma energia extra para impulsionar nossas intenções. Essa é a hora de manifestar as metas nas quais você tem trabalhado, pois seus esforços começam a dar frutos. As sementes da intenção que foram plantadas na Lua Nova estão agora em plena floração, o que representa transformação, abundância, fertilidade e conclusão. Agora é a hora de manifestar seus objetivos e colher os resultados.

A Lua Cheia é um momento de proteção, cura e orientação. É um bom momento para leituras de tarô ou de oráculos, escriação e qualquer outra forma de adivinhação (ver Capítulo 8). Você pode até energizar seus instrumentos de adivinhação ao luar antes de trabalhar com eles, energizar e limpar cristais e joias, bem como fazer a Água da Lua. Para fazer a Água da Lua, coloque uma jarra ou garrafa tampada cheia de água (filtrada) ao luar por pelo menos duas horas, para energizá-la, e leve-a para dentro de casa antes de o Sol nascer. Ela pode então ser usada para adicionar energia a trabalhos de magia, para proteção, para regar as plantas, e pode até ser consumida, para lhe dar um impulso extra.

A Lua Cheia pode ser um momento de intuição e criatividade, mas é também a época perfeita para trabalhos de banimentos e desapego. Assim que a Lua atinge o auge da energia, começa lentamente a minguar. É a oportunidade de liberar tudo o que inibe seu crescimento pessoal. Podem ser pensamentos, pessoas ou emoções – qualquer coisa que não apoie ou não se alinhe com o seu eu superior e seu propósito. A energia dessa fase da Lua propicia o impulso energético necessário para feitiços e rituais e qualquer outro trabalho de magia que requeira uma diminuição na energia.

A Lua Cheia pode muitas vezes nos deixar cheias de energia, mas também é comum que as energias dessa fase sejam muito intensas e emocionalmente desgastantes. Se você está com pouca energia pessoal ou se sente cansada, doente, com dor, ou se simplesmente não está com um bom estado de espírito, considere adiar seus trabalhos até que a sua energia seja restaurada e equilibrada. Seus trabalhos de magia podem ter menos sucesso se a sua energia estiver desequilibrada ou se você se sentir com pouca energia. Use essa fase para ouvir seu corpo, nutrir-se e recarregue suas baterias.

Reflita sobre os seus
objetivos e o que você
precisa fazer para alcançá-los

Anote todas as coisas
pelas quais é grata

Anote o que você quer deixar
para trás e queime o papel

FOCO
DA LUA
MINGUANTE
GIBOSA

Limpe sua casa e seu
espaço de trabalho

Prepare Água da Lua e
use-a em feitiços
para fazer algo diminuir

Tome um banho
ritual purificador

LUA
NOVA

MINGUANTE

CRESCENTE

QUARTO
MINGUANTE

QUARTO
CRESCENTE

MINGUANTE
GIBOSA

CRESCENTE
GIBOSA

LUA
CHEIA

LUA MINGUANTE GIBOSA
18º Dia

Depois que a Lua atingiu o ápice do seu poder, seu tamanho e energia começam a diminuir à medida que o Sol se afasta, criando uma sombra do lado direito da superfície lunar (do lado esquerdo, no Hemisfério Sul). A Lua continuará a diminuir até a fase da Lua Nova, quando o ciclo recomeça. Depois do período de poder intenso e muitas vezes avassalador da Lua Cheia, a fase minguante pode ser uma pausa energética bem-vinda, depois das intensas energias lunares da Lua Cheia. Isso faz da Lua Minguante Gibosa um bom momento para se fazer magia com o propósito de banir, repelir ou eliminar a negatividade, e também para quebrar feitiços e maldições. O preparo de Água da Lua é geralmente associado à Lua Cheia, mas essa água também pode ser preparada em outras fases lunares, o que confere a ela diferentes propriedades mágicas. A Água da Lua feita na Lua Minguante Gibosa pode ser usada nos trabalhos citados anteriormente, associados à diminuição.

Até agora, a Lua nos encorajou a direcionar as nossas ações externas para manifestar nossas intenções. Agora, a metade minguante do ciclo lunar nos proporciona um tempo para nos voltarmos para dentro e refletirmos com sinceridade sobre os nossos sentimentos e situações da vida que não apoiam o nosso propósito superior. Se você deseja desfazer, destruir ou afastar qualquer tipo de energia ou força indesejada da sua vida, como um vício, um sentimento de culpa ou de arrependimento ou um pensamento negativo, agora é a hora. Essa magia pode ser algo tão simples quanto anotar por escrito as coisas que você deseja liberar, depois queimar o papel na chama de uma vela e enterrar as cinzas longe da sua casa ou propriedade.

Essa fase enfatiza a necessidade de refletir sobre a Lua Cheia e sobre o que foi manifestado. Se algumas de suas intenções deram frutos, essa fase incentiva a gratidão pelas coisas que você alcançou. Essa fase da Lua é considerada a Lua Disseminadora, que exprime sobre a importância de compartilharmos os frutos do nosso trabalho para ajudar os outros. É possível que nem todos os seus objetivos tenham se manifestado durante a Lua Cheia, por isso considere a Lua Minguante Gibosa uma oportunidade de reavaliar suas intenções e descobrir por que elas não se concretizaram. O impulso para a introspecção oferece a chance de você refletir sobre as coisas que a estão impedindo de realizar seus objetivos. Faça os reajustes e as mudanças necessárias para que possa reorientar suas intenções para o resto do ciclo lunar e reflita sobre como você planeja atingir seus objetivos.

QUARTO MINGUANTE
21º Dia

No Quarto Minguante, a Lua está na metade da sua potência e apenas seu lado esquerdo (direito, no Hemisfério Sul) está iluminado. Claro e escuro são iguais e esse é outro lembrete da importância do equilíbrio em nossa vida, para o nosso bem-estar. Examine as áreas da sua vida que parecem desequilibradas e conecte-se com as energias lunares para que elas a ajudem a avaliar o que você precisa fazer para restaurar esse equilíbrio. Para recuperar o equilíbrio, uma das coisas fundamentais é aprender a desacelerar. Nessa fase do ciclo, a energia da Lua está diminuindo, por isso talvez você se sinta com menos energia do que o habitual. Veja isso como um recurso que a Mãe Natureza usa não só para tentar induzi-la a diminuir o ritmo e assim completar esse ciclo lunar, mas também para prepará-la para o próximo ciclo, pois, assim como a Roda do Ano, o ciclo lunar nunca para.

O melhor tipo de magia para se fazer nessa fase da Lua é a mesma associada à Lua Minguante Gibosa: magia para diminuir, banir, amarrar e limpar profundamente. Agora é hora de deixar ir e liberar qualquer coisa que a esteja impedindo de realizar seus objetivos. A Lua Minguante Gibosa lhe proporcionou uma oportunidade para deixar de lado essas coisas, agora que essa fase da Lua a convida para se voltar para dentro novamente e liberar qualquer bloqueio que ainda persista. Pode ser algo como abandonar um mau hábito, parar de postergar as coisas ou se afastar de qualquer tipo de pessoa ou situação tóxica, que drene e desequilibre sua energia pessoal. É hora de superar os obstáculos e abrir caminho para si mesma.

O ciclo lunar está quase completo, mas, antes da chegada da Lua Nova, o Quarto Minguante a convida para um momento de introspecção. É hora de olhar para trás e ver tudo o que você conquistou e realizou e refletir sobre as lições que a Lua lhe ensinou durante o último ciclo. Se você estiver procurando discernir o que essas lições possam significar, é bem provável que obtenha um nível mais profundo de compreensão nessa fase da Lua. Isso faz do Quarto Minguante o melhor momento para concluir qualquer trabalho de desenvolvimento pessoal, como deixar de lado qualquer crença que a esteja limitando ou medos que a impeçam de seguir em frente. Todo o trabalho interior que você tem feito a ajudará a remodelar suas intenções e definir seus objetivos para o próximo ciclo lunar.

Corte o cabelo. Isso vai ajudá-la a atrair a energia de volta para o seu corpo

Encontre atividades que propiciem uma sensação de paz

RITUAIS DO QUARTO MINGUANTE

Reserve um tempo para refletir sobre as lições desse ciclo lunar

Faça coisas rejuvenescedoras

Priorizar os cuidados pessoais e descanse

Limpe seus armários para acabar com a desordem

LUA NOVA

CRESCENTE

QUARTO CRESCENTE

CRESCENTE GIBOSA

LUA CHEIA

MINGUANTE GIBOSA

QUARTO MINGUANTE

MINGUANTE

LUA MINGUANTE
25º Dia

Esta é a fase final do ciclo lunar, no qual apenas um filete do lado esquerdo da Lua (direito, no Hemisfério Sul) está iluminado e é mais visível antes do nascer do sol. Como a energia da Lua ainda está diminuindo na Lua Minguante, seus níveis de energia pessoal provavelmente ainda serão afetados. Essa fase é um lembrete de que, para começar um novo ciclo na Lua Nova, o repouso é uma etapa necessária para se completar o antigo ciclo. Essa fase é um momento de cuidados pessoais, benevolência e perdão com relação a si mesma. Não se deixe levar pelo excesso de trabalho; em vez disso, concentre-se em atividades que recarreguem suas baterias e lhe proporcionem uma sensação de renovação e paz, em vez de se dedicar a coisas que exigirão muito da sua energia. O descanso é um ritual importante e muitas vezes é negligenciado no nosso dia a dia cheio de afazeres.

É preciso certo grau de rendição nessa fase da Lua Minguante. O que passou durante essa fase lunar agora está firmemente enraizado no passado, onde nada pode ser feito para que isso possa mudar. Esse é um lembrete de que você nem sempre tem controle sobre o que acontece na sua vida, e tudo bem! Às vezes, a maior liberdade pode ser encontrada nos momentos em que simplesmente confiamos e nos rendemos a algo maior, seja uma divindade, o universo, ou a força da própria natureza. Essa última fase lunar antes da Lua Nova é a hora de você se preparar para um novo ciclo, dando a si mesma permissão para relaxar e descansar por um período. Você pode achar benéfico usar esse tempo para se afastar do mundo por um tempo, para que possa descansar de verdade, abrir espaço para o que está por vir e encontrar um sentimento maior de equilíbrio interior. Isso faz com que atividades como a meditação e o registro de um diário sejam ótimas práticas para a fase da Lua Minguante.

A Lua Minguante é a sua última chance de abrir mão de qualquer coisa que não se alinhe com o seu propósito superior, antes de começar um novo ciclo lunar. Se alguma de suas intenções ou objetivos não se manifestou, não seja muito dura consigo mesma, pois você pode refletir um pouco mais sobre por que isso pode ter acontecido. No início do próximo ciclo lunar, suas intenções estarão mais focadas e bem definidas. Como as outras fases da metade minguante do ciclo da Lua, essa fase está associada ao banimento e à diminuição, principalmente se houver algo que você queira afastar da sua vida em definitivo.

Faça trabalhos de cura.

Cuide-se e descanse.
Não exagere no trabalho.

Medite num local
silencioso e tranquilo.

FOCO DA
LUA
MINGUANTE

Respeite seu desejo
de introversão.

Pratique a gratidão por tudo
que esse ciclo lhe ensinou.

Anote maneiras pelas quais
você pode cuidar melhor de
si mesma nesse novo ciclo lunar.

LUA
NOVA

CRESCENTE

QUARTO
CRESCENTE

CRESCENTE
GIBOSA

LUA
CHEIA

MINGUANTE
GIBOSA

QUARTO
MINGUANTE

MINGUANTE

Revele
seus
desejos e
objetivos

4
FEITIÇOS

O lançamento de feitiços pode ajudá-la a se concentrar no que você realmente quer da vida, seja atrair dinheiro, proteção, felicidade ou amor, ou afastar coisas indesejadas da sua vida, como energia negativa ou obstáculos. A magia e os feitiços desempenham um papel central em nossa Arte e são maneiras de aprofundar nossa conexão com o mundo natural, pois é do mundo natural que extraímos muito de nossa energia e poder. Quando sintonizamos nossos feitiços com as fases da Lua ou usamos ervas que correspondem melhor às nossas intenções, estamos praticando magia natural.

Este capítulo apresentará recursos para que você possa lançar feitiços usando cores, velas, ervas e sigilos mágicos, assim como vai mostrar como é possível fazer substituições em seus trabalhos de magia e como escolher o melhor momento do dia para que seus feitiços tenham maior chance de sucesso. As orientações deste capítulo também a ajudarão a personalizar qualquer feitiço escrito por outra pessoa.

A falta de autoconfiança pode acabar com qualquer feitiço. Se você tiver qualquer dúvida sobre a eficácia do seu feitiço, saiba que ele provavelmente não vai funcionar.

Você lançou o feitiço de modo precipitado, sem fazer as leituras e pesquisas necessárias.

Você lançou um feitiço complexo ou ambicioso demais.

Você lançou um feitiço quando estava cansado, doente ou com outras preocupações.

O feitiço vai contra os seus princípios, portanto você está em conflito.

Você não está fazendo a sua parte, no plano material, para alcançar seus objetivos.

Você usou ingredientes que não ajudam ou vão contra as suas intenções.

Você tem expectativas para o seu feitiço que não se baseiam na realidade ou não são viáveis.

Você usou um feitiço criado por outra pessoa e que não atende aos seus objetivos.

Suas intenções não estão focadas ou não são específicas o suficiente.

Você se concentrou nas coisas que você não quer, em vez de se concentrar nas que você quer.

Você achou que bastava ter os ingredientes certos para que seu feitiço funcionasse.

LANÇAMENTO DE FEITIÇOS
Erros mais comuns

Quando se trata de lançar feitiços, a verdade é que eles nem sempre funcionam. São muitas as razões que levam um feitiço a não obter sucesso, e saiba que isso não acontece apenas com quem está começando sua jornada na Bruxaria.

A razão mais comum para um feitiço não funcionar é ter uma intenção muito vaga. O praticante não definiu muito bem essa intenção ao lançar o feitiço. Um dos pontos mais importantes ao lançar um feitiço é ter uma meta muito clara e definida. Pode não ser fácil definir sua intenção com precisão, mas o segredo é não apressar o processo. Leve o tempo que achar necessário para desenvolver as suas intenções antes de lançar o feitiço, de modo que você tenha espaço para continuar a aperfeiçoá-los. Quanto mais específicas as suas intenções, mais chance você tem de ter sucesso.

Se quisermos que nossos feitiços sejam eficazes, precisamos estar prontos para fazer a nossa parte no plano material. Nossa magia deve ter o respaldo das nossas ações e pensamentos, de modo que façamos tudo o que for possível para atingir nossos objetivos. Por exemplo, se você fosse lançar um feitiço para ajudá-la a passar num exame importante, não iria simplesmente aparecer no dia do exame sem ter estudado e revisado a matéria, esperando que o feitiço a fizesse passar sem nenhum esforço da sua parte. Expectativas irrealistas certamente levarão seu feitiço a falhar, assim como a falta de preparo. Embora a Bruxaria nos permita fazer mudanças em nosso ambiente, feitiços que visem um resultado quase milagroso costumam ser fantasiosos também. Seus objetivos devem ser enraizados na realidade para ter sucesso e você deve se comprometer a fazer a sua parte. Também não é suficiente simplesmente usar os ingredientes certos para que um feitiço dê certo. Você precisa ter paixão e intenção para torná-lo um sucesso.

A falta de autoconfiança também pode levar ao fracasso até o feitiço mais perfeito. Se você tiver alguma dúvida com relação às suas habilidades em magia ou no feitiço em si, é quase certo que ele não vai funcionar. Você tem de acreditar em si mesmo e no seu potencial. Só porque um feitiço não funciona instantaneamente, isso não significa que não esteja fazendo efeito. Ter dúvidas com relação ao feitiço depois de lançá-lo também pode exercer um efeito negativo sobre os resultados. Depois que você lança um feitiço, a melhor estratégia é fazer o máximo para esquecê-lo. Você já mostrou quais são os seus desejos e objetivos, agora deixe a fonte de poder que você evocou fazer a parte dela, enquanto você continua a fazer a sua parte no mundo material.

TIPOS DE FEITIÇOS

VELAS
A magia mais acessível para iniciantes.
Queime uma vela da cor que
corresponda à sua intenção.

SPRAYS
Uma borrifada explosiva
de magia, feita com ervas
ou óleos essenciais.

POTES
Os potes concentram a energia do seu
feitiço num só lugar e lhe conferem
uma potência extra.

TIPOS DE
feitiço

O feitiço é a ação de elevar, dirigir e manipular a energia para controlar ou provocar mudanças sutis no ambiente, de modo que possamos alcançar as nossas metas. Existem muitos tipos de feitiços e muitas maneiras de realizá-los. As descrições dos diferentes tipos de feitiços apresentados neste livro incluem informações básicas sobre seus ingredientes e seu preparo. Todos os feitiços incluídos aqui podem ser feitos para qualquer propósito, então seja criativa!

Sprays

Os *sprays* são uma boa maneira de causar uma explosão de magia na sua vida exatamente quando você mais precisa. Você pode usar óleos essenciais diluídos em água se quiser preparar um *spray* rápido e fácil, ou pode adicionar ervas também. Uma maneira de fazer isso é colocar as ervas numa panela cheia de água, fervê-las em fogo médio por 3 a 5 minutos, depois deixar a mistura esfriar, para que os óleos naturais das ervas possam ser absorvidos. Depois que a água estiver fria, despeje-a num borrifador e o *spray* está pronto para você usar. Uma alternativa é adicionar ervas à água e deixá-las numa garrafa, em infusão. O *spray* vai durar cerca de duas semanas; depois disso, as ervas começam a ficar mofadas. Use a Água da Lua para que o *spray* tenha uma potência extra.

Potes

Feitiços em potes ou garrafas são muitos fáceis de fazer. Eles concentram a energia mágica do feitiço num recipiente físico, tornando-o mais poderoso. Esse tipo de magia pode ser feito com ervas, cristais e quaisquer outros itens que se alinhem com a intenção do seu feitiço. Eu recomendo que você use ingredientes secos, porque, depois que o pote é preenchido, ele deve ser totalmente selado com cera, para que o conteúdo não mofe. Com isso em mente, certifique-se de que todas as ervas estão totalmente secas antes de usar. Quando o pote estiver pronto, escolha uma vela de uma cor que se alinhe com a intenção do seu feitiço, acenda-a e pingue a cera quente na tampa do pote para selá-lo. Eu uso feitiço em potes para proteção da casa; nesse caso, penduro um acima da porta da frente e outro acima da porta de trás. Uso partes iguais de erva-doce, milefólio, alecrim, canela e lavanda, em seguida selo com a cera de uma vela preta.

Velas

A magia com velas é uma das formas mais acessíveis e simples de magia, e você aprenderá mais sobre ela na página 101.

Misturas de óleos

As misturas de óleos podem ser feitas de duas maneiras. O primeiro método consiste em usar um óleo carreador, como o de semente de uva ou um óleo vegetal como base, e adicionar uma mistura de óleos essenciais. Se usar um óleo leve como carreador, assim como um óleo essencial comestível, a mistura não ficará muito concentrada e pode ser irritante quando usada na pele. Certifique-se de que os óleos essenciais que você usar tenham propriedades que estejam de acordo com as suas intenções, e evite ingerir ou passar na pele óleos essenciais se você tem a pele sensível, alergias ou problemas de saúde, ou estiver grávida (caso não tenha a aprovação do seu médico). O segundo método é usar como base um óleo carreador e colocar ervas frescas ou secas diretamente no óleo, deixando-as ali por algumas semanas (ou meses, se você quiser um óleo superconcentrado). Mexa bem a mistura de vez em quando e, ao fazer isso, concentre-se na intenção do feitiço. Se for um feitiço para aumentar algo, como a sua proteção, mexa no sentido horário (*deosil*) e, se for um feitiço para diminuir, mexa no sentido anti-horário (*widdershins*). Quando o óleo estiver pronto, peneire a mistura, despreze as ervas e despeje-o num frasco *roll-on* para facilitar o uso e transporte.

Saquinhos

Feitiços em saquinhos e sachês são feitos de maneira semelhante aos feitiços em potes, pois em ambos se recomenda o uso de ingredientes secos, para evitar o mofo. Embora o saquinho concentre a energia do feitiço dentro dele, assim como o pote, ele ainda é capaz de trocar energia com o ambiente, pois, ao contrário do vidro, é poroso. Para finalizar o saquinho ou sachê, amarre-o com uma fita de uma cor que corresponda à intenção do seu feitiço. Eu uso esse tipo de feitiço quando quero carregar comigo, ao longo do dia, os ingredientes utilizados, como um amuleto de proteção, mas também uso os saquinhos em feitiços para induzir o sono, pois os preencho com ervas e cristais e os coloco embaixo do travesseiro. Geralmente, depois que o feitiço é concluído, o saquinho é devolvido à Terra e enterrado, por isso, se optar por esse tipo de feitiço, procure usar ingredientes biodegradáveis.

Poções

Poções são feitiços líquidos, feitos para serem ingeridos ou aplicados externamente no corpo. A poção pode ser uma tintura, um perfume ou a sua bebida preferida. O chá é uma poção usada no dia a dia, que é uma boa maneira de aproveitar os benefícios das propriedades medicinais das ervas. Você pode potencializar sua xícara de chá matinal (ou qualquer bebida) meditando com a xícara nas mãos e enviando sua intenção para energizar o chá. Quando você sentir que ele já está energizado, beba-o. Você também pode traçar a forma de um pentagrama sobre a bebida para proteção. Trace a figura ao redor da borda da xícara, no sentido horário, se quiser uma poção associada ao aumento, e no sentido anti-horário, se o feitiço for para diminuir alguma coisa. Essa é outra maneira de carregar suas poções.

TIPOS DE FEITIÇO

ÓLEOS

Feito com um óleo carreador ou base e uma mistura de óleos essenciais ou ervas deixadas em infusão no óleo.

SAQUINHOS

Os saquinhos contêm dentro deles a energia do feitiço, assim como os feitiços em potes. Use uma fita para amarrar o saquinho.

POÇÕES

As poções são feitiços líquidos, ingeridos ou usados externamente no corpo.

LANCE SEU FEITIÇO

CRIE SEUS
feitiços

Quando se trata de feitiços, saiba que aqueles que você mesma cria têm muito mais poder, embora um feitiço criado por outra pessoa também possa funcionar bem. Quando eu crio os meus feitiços, costumo ter em mãos uma lista de afazeres, para ter certeza de que não me esqueci de nada.

Intenção

Qual é o objetivo do seu feitiço? O que você precisa colocar em prática na sua vida para colaborar com a manifestação dos seus objetivos? Suas intenções precisam ser tão específicas e focadas quanto possível.

Quem

Saiba muito bem a quem seu feitiço se destina. Ele é para você mesma ou para outra pessoa? Como ele afetará essa pessoa ou você?

Localização

Onde você está planejando lançar seu feitiço? Ao ar livre ou dentro de casa? Você precisa dar ao seu feitiço atenção total, então certifique-se de estar num local onde se sinta à vontade.

Instrumentos/materiais

De que materiais você precisa para lançar o seu feitiço? Por exemplo, você vai precisar de velas ou ervas? Em caso afirmativo, quais cores ou ervas estão mais de acordo com a intenção geral do seu feitiço? Liste tudo o que você provavelmente precisará; não há distração maior do que chegar na metade do seu feitiço e perceber que precisa ir buscar algo que esqueceu.

Ocasião

Consulte a página 96 para mais informações.

Lançamento

Quando você estiver pronta para lançar seu feitiço, consulte sua lista para ter certeza de que se lembrou de tudo. Aproveite esse momento para verificar se está se sentindo bem no nível físico e espiritual e se certificar de que está realmente pronta para lançar seu feitiço.

Descarte os restos dos feitiços

Existem várias maneiras de descartar os restos de um feitiço. Como regra, eu não jogo no lixo os ingredientes que usei. Existem algumas exceções, como os feitiços de banimento ou trabalhos para absorver a negatividade. Mas, em geral, eu enterro os restos para que sejam devolvidos à Terra. Lembre-se de não enterrar o sal, pois ele mata qualquer ser vivo com que entra em contato (você pode lavar o recipiente em que ele estava ou jogar o sal na pia). Evite enterrar ingredientes não biodegradáveis. Coisas como cera, barbante, cordas, papel ou tecido também podem ser eliminadas por meio do fogo.

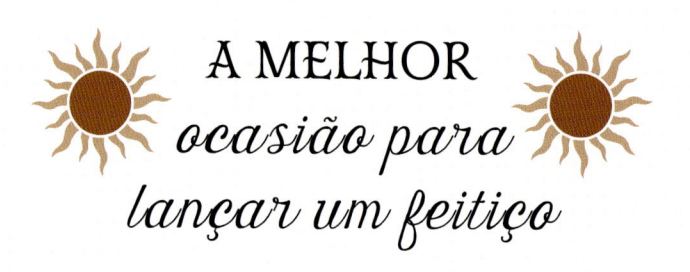

A MELHOR
ocasião para lançar um feitiço

Na Bruxaria, se programarmos nossos feitiços para a hora e o dia mais propícios, ele pode ter mais chance de ser bem-sucedido. As correspondências são usadas na Arte para aumentar a eficiência dos trabalhos mágicos. Elas consistem em listas de propriedades mágicas associadas com itens físicos, como ervas, flores, cristais e incenso, e também para coisas como o melhor momento para lançar os feitiços, como a magia associada com as diferentes fases da Lua.

A hora do dia e o dia da semana também influenciam o resultado de diferentes tipos de magia, e, quando você sintoniza as intenções do seu feitiço com o momento mais favorável, seu trabalho de magia recebe um impulso extra. Embora a ocasião do lançamento não seja, por si só, essencial para a eficiência de um feitiço (não é porque um feitiço não foi lançado no momento mais favorável que ele não surtirá efeito), ainda é uma consideração importante que pode ajudar a impulsionar seu trabalho de magia.

Correspondências associadas com a hora do dia:

NASCER DO SOL – NOVOS começos, novas energias, viajar, limpar, purificar, curar, estudar, iniciativa

DURANTE O DIA – EXPANSÃO, inteligência, liderança, mente consciente

MEIO DO DIA – PODER, saúde, dinheiro, sucesso, força, proteção, oportunidade, vitalidade

PÔR DO SOL – ENCONTRAR a verdade, liberar, deixar ir, banir, romper maus hábitos, encerramento

NOITE – INVENTAR, autodesenvolvimento, consciência, liberar estresse/preocupação, curar velhas feridas

MEIA-NOITE – BANIMENTO, adivinhação, cura, aprimoramento pessoal

Cada dia da semana é dedicado a uma divindade grega ou romana e ao seu planeta correspondente. É o planeta que confere a cada dia da semana as suas propriedades mágicas.

Dias da semana:

SEGUNDA-FEIRA – REGIDA pelas divindades Selene/Luna e a Lua

TERÇA-FEIRA – REGIDA pelas divindades Ares/Marte e pelo Planeta Marte

QUARTA-FEIRA – REGIDA pelas divindades Hermes/Mercúrio e pelo planeta Mercúrio

QUINTA-FEIRA – REGIDA pelas divindades Zeus/Júpiter e pelo planeta Júpiter

SEXTA-FEIRA – REGIDA pelas divindades Afrodite/Vênus e o planeta Vênus

SÁBADO – REGIDO pelas divindades Cronos/Saturno e o planeta Saturno

DOMINGO – REGIDO pelas divindades Apolo/Sol e o Sol

DIA DO FEITIÇO

DOMINGO
Crescimento, remoção de barreiras, saúde, felicidade, sucesso, poder, cura, empoderamento

SEGUNDA-FEIRA
Emoções, intuição, sonhos, reconciliação, receptividade, mistério, hábitos, instinto

SÁBADO
Banimento, capacidades psíquicas, limpeza, purificação, mudança, proteção, orientação, desfechos

TERÇA-FEIRA
Coragem, proteção, amarração, força, banimento, medo, sexualidade, energia

SEXTA-FEIRA
Amor, beleza, luxúria, artes, nascimento, fertilidade, felicidade, romance

QUARTA-FEIRA
Comunicação, aprendizado, viagens, banimento, doença, memória, criatividade, conhecimento

QUINTA-FEIRA
Prosperidade, abundância, riqueza, carreira/trabalho, sorte, leis, otimismo

MAGIA
das cores

ada cor do espectro vibra na sua frequência específica e representa um conjunto diferente de qualidades mágicas. A magia das cores usa as energias e vibrações das cores nos feitiços e rituais, para promover as mudanças que você quer. Esse tipo de magia pode ser facilmente incorporado à sua Arte e, se você aprender o básico, já pode dar um impulso extra nos seus feitiços e rituais. A magia das cores pode ser tão simples quanto vestir uma peça de roupa laranja para sentir mais autoconfiança numa entrevista de emprego ou acender uma vela roxa quando você está praticando adivinhação, para ajudá-la a se conectar com as suas capacidades psíquicas. A magia das cores também é uma maneira sutil e discreta de praticar a Arte, por isso é uma ótima opção para bruxas que ainda não saíram do armário de vassouras. Você pode incorporar esse tipo de magia à sua vida de muitas maneiras:

✦ Vista uma cor cujas propriedades mágicas favoreçam o seu feitiço.
✦ Adapte a cor da sua maquiagem ou do esmalte de unha às suas intenções.
✦ Escreva com uma caneta de uma cor que esteja em sintonia com as suas necessidades.
✦ Costure, borde ou tricote usando um fio de uma cor que se alinhe com as suas intenções.
✦ Compre flores na cor mais propícia e enfeite com elas a sua casa/local de trabalho.
✦ Use um copo da cor que melhor se adapta às suas necessidades e beba água nele.

✦ Tome um banho ritual usando sais de banho coloridos ou um sabonete de uma cor que se alinha com as suas intenções.

As correspondências que usamos na Arte hoje (inclusive as cores, mas também qualquer outro tipo de material e ingrediente que você possa usar, como ervas, cristais e incenso) são geralmente influenciadas por textos antigos de ocultismo ou se originam nesses textos. As propriedades ou correspondências mágicas associadas a todas as cores em parte vieram dessas fontes mais antigas, mas também receberam influências culturais ao longo dos séculos. Essas são apenas correspondências gerais, mas, à medida que se desenvolver como bruxa e adquirir mais experiência na prática da Arte, você pode descobrir que é capaz de criar seu próprio conjunto de propriedades mágicas, associadas a todo tipo de ingrediente e material que você use em seus rituais e feitiços.

À medida que expande seus conhecimentos e sua experiência de magia, deixe sua intuição guiá-la e descubra, assim, o que funciona melhor para você. Por exemplo, laranja é a cor tradicional da criatividade, mas, ao longo dos anos, descobri que o laranja parece inibir as minhas habilidades criativas, ao passo que o azul me ajuda a acessar minha criatividade com muito mais facilidade.

BRANCO: purificação, limpeza, proteção, cura
PRETO: aceitação, banimento, amarração, quebra de maldições e feitiços
MARROM: terra, aterramento, cura, resistência, estabilidade
ROSA: aceitação, romance, compaixão, família, sensualidade
VERMELHO: coragem, assertividade, energia, paixão, poder, ação
LARANJA: abundância, ambição, felicidade, confiança, criatividade
AMARELO: ação, alegria, comunicação, entusiasmo, abundância
VERDE: aceitação, ação, agricultura, mudança, harmonia, sorte
ROXO: astrologia, intuição, iluminação, proteção psíquica
AZUL: honestidade, comunicação, autoexpressão, cura, paz
PRATEADO: consciência, intuição, Lua, purificação, energia feminina
DOURADO: abundância, influência, luxo, energia masculina, magia solar

ACENDA A SUA LUZ
E DEIXE-A BRILHAR

MAGIA
com velas

A magia com velas é uma das maneiras mais fáceis de incorporar a magia em sua vida. Se você está apenas começando sua jornada na Bruxaria, saiba que esse tipo de magia é uma ótima introdução ao trabalho com feitiços. E também é barato, o que significa que é uma boa opção para bruxas que não podem gastar muito em sua prática. A magia das velas representa todos os quatro elementos e combina todos eles numa espécie de alquimia, que aproveita o próprio poder da natureza para trazer a mudança que queremos. A chama da vela representa o elemento Fogo, a cera derretida representa o elemento Água, a vela precisa do elemento Ar para queimar e o elemento Terra é representado pela cera sólida.

Ao realizar a magia com velas, existem alguns pontos que é preciso levar em consideração antes de começar. Um feitiço com velas pode ser tão simples quanto o ato de abençoar e iluminar uma vela com uma intenção, mas há outras maneiras para dar ao seu feitiço um impulso natural. A primeira coisa que você tem que fazer é escolher uma vela da cor que melhor se alinhe com os objetivos e as intenções do seu feitiço. Por exemplo, para um feitiço de proteção, uma vela preta seria a melhor opção.

Você também pode dar mais força ao seu trabalho de magia sintonizando as intenções do seu feitiço com o dia da semana, a hora do dia e a fase da Lua correspondentes. Seu feitiço não vai deixar de surtir efeito se você não conseguir ali-nhar todas essas correspondências, mas, se puder, certamente adicionará mais força e energia à sua magia. O mesmo vale para as ervas, os cristais e quaisquer sigilos mágicos (consulte o Capítulo 6) que você queira entalhar na cera da sua vela: escolha aqueles que favoreçam as suas intenções, pois isso dará um impulso natural ao seu feitiço. Para "vestir" uma vela, esfregue um óleo como o de oliva ou outro óleo vegetal no sentido horário (magia para aumentar) ou anti-horário (magia para diminuir) e, em seguida, role-a grosseiramente nas ervas da sua escolha.

O tamanho da vela é outro ponto a levar em consideração. Alguns feitiços exigem que a vela queime completamente para concluir o feitiço; nesse caso, você pode precisar de uma vela menor, que não demore muito tempo para acabar. Por outro lado, você pode lançar um feitiço em que a vela precise queimar por algumas horas todos os dias por uma semana, por exemplo. Feitiços como esse requerem uma vela maior.

Tempo em que a vela fica acesa:

VELA DE ANIVERSÁRIO – 2-5 minutos

VELA DE CASTIÇAL – 2-2,5 horas

DE RÉCHAUD – 2-2,5 horas

VOTIVA – 6-7 horas

CÍRIO – 9-10 horas

Lembre-se de nunca deixar velas acesas num local sem supervisão.

SUBSTITUIÇÕES
nos trabalhos de magia

Algumas vezes precisamos substituir um ingrediente num feitiço, geralmente porque o feitiço requer um ingrediente que não temos na nossa despensa ou porque é algo difícil de encontrar na região em que moramos. É muito comum encontrarmos feitiços que requeiram uma erva desconhecida ou uma vela de uma cor que não temos. Isso não precisa ser um problema, porque há várias substituições que podemos fazer nos nossos feitiços e que podem abrir mais possibilidades mágicas. Muitos desses ingredientes substitutos também são baratos e fáceis de encontrar.

O alecrim, as velas brancas e o quartzo transparente são itens fantásticos, porque são muito versáteis. Respectivamente, eles podem substituir qualquer erva, velas de qualquer cor e qualquer cristal usado num feitiço, por isso convém sempre tê-los na sua despensa. A grande vantagem do alecrim é que ele pode ser usado fresco ou desidratado, além de ser uma erva que você provavelmente tem na cozinha ou até no jardim. Ele também é útil para bruxas no armário de vassouras, que não podem obter ingredientes específicos, mas muito provavelmente têm acesso a ervas como o alecrim. Também é fácil cultivar o alecrim ao ar livre (plante-o na primavera ou no outono, em solo arenoso e bem drenado, onde pode receber muito sol).

Essas substituições são apenas gerais e, embora se possa substituir ingredientes por qualquer outro de sua categoria (ervas, velas, cristais, sal, flores e assim por diante), isso não garante que o substituto seja o melhor ingrediente para o seu trabalho de magia. Assim como cada cor tem seu próprio conjunto de correspondências, o mesmo acontece com cada ingrediente dentro da sua categoria, por isso, para fazer a melhor substituição, é uma boa ideia combinar a correspondência do item que você deseja usar como substituto com a intenção do seu feitiço. Por exemplo, o alecrim é uma erva protetora, portanto ele seria um bom substituto para qualquer erva num feitiço de proteção, mas seria menos eficiente se usado como substituto de uma erva num feitiço para atrair dinheiro. Se as substituições forem feitas com base na intenção do feitiço, é mais provável que elas tenham sucesso, pois você está garantindo que todos os itens usados estão em sintonia com os objetivos e as intenções do seu feitiço. Substituições gerais são a melhor opção, se você precisa lançar um feitiço e não tem os ingredientes necessários.

SUBSTITUIÇÕES NOS TRABALHOS DE MAGIA

O alecrim substitui
qualquer erva

As velas brancas substituem
qualquer vela colorida

A rosa substitui
qualquer flor

O quartzo transparente
substitui qualquer cristal

O limão substitui
qualquer cítrico

O chá preto substitui
qualquer chá

O tabaco substitui
qualquer erva tóxica

O olíbano substitui
qualquer resina

O azeite de oliva substitui
qualquer óleo/óleo carreador

O sal de cozinha
substitui qualquer sal

A maçã substitui
qualquer fruta

O Naga Champa (flor)
substitui qualquer incenso

O SEU SER É ILIMITADO

PERSONALIZE
seus feitiços

A personalização de um feitiço requer substituições. Significa selecionar um feitiço que foi criado por outra pessoa e usá-lo como base, fazendo alterações para atender melhor às suas necessidades e à sua situação em particular. A personalização é um processo comum e pode incluir alterações nas palavras, nas ações e nos ingredientes de um feitiço ou qualquer referência a uma divindade. Você pode alternar qualquer parte de um feitiço que não se alinhe com as suas intenções ou não parece certo para você ou de acordo com a sua prática mágica.

Existem muitas razões pelas quais você pode optar por personalizar um feitiço e há muitas áreas específicas, dentro de um trabalho de magia, que podem precisar de alterações. Por exemplo, você pode optar por fazer alterações num feitiço porque não pode acender uma vela ou queimar incenso na sua casa, por isso precisa de alternativas. Felizmente, há coisas que você ainda pode fazer. Velas a bateria ou LED são boas alternativas, e, quanto ao uso das cores, você pode colar fita adesiva da cor que estiver mais em sintonia com as intenções do seu feitiço. Você também pode incluir velas apagadas da cor correspondente à intenção do seu feitiço, mas usar a visualização para aproveitar a energia que elas contêm.

Um feitiço pode solicitar que você queime algo como papel ou ervas, e isso pode não ser uma opção viável para você. Então, é crucial que você use ações alternativas, que tenham o mesmo efeito, como queimar, cortar com tesoura, triturar ou rasgar. Isso ajudará a aumentar a chance do seu feitiço ser um sucesso. É importante que

qualquer mudança que você fizer não altere a energia geral do feitiço original. Baseando a personalização dos seus feitiços na sua intenção, você se certificará de que está substituindo quaisquer ações, palavras e gestos por outros com energias semelhantes. Também existem alternativas para falar, entoar cânticos e ingerir bebidas. Você pode estar numa situação que a impeça de repetir as palavras de um feitiço em voz alta, particularmente se for uma bruxa que ainda não saiu do armário de vassouras. Isso não é um empecilho, no entanto, pois você pode anotar as palavras do feitiço num papel ou pronunciá-las em voz baixa. Se o feitiço pede que você beba algo que preferiria não ingerir, derramar um pouco dessa bebida no chão já é uma boa ação alternativa. Quaisquer restrições que ocorram devido às suas circunstâncias particulares não limitarão a sua magia se você buscar rotas alternativas que a levem aos mesmos resultados.

FEITIÇO
de proteção

De todos os tipos de feitiços que me pedem, os feitiços de proteção são os mais requisitados, por isso eu queria compartilhar este feitiço de proteção do meu Grimório. Trata-se de um feitiço simples com velas, que pode ser usado para proteger você de qualquer tipo de energia ou força negativa, e também pode ser lançado em benefício de outra pessoa. Por ser um feitiço de proteção, é melhor lançá-lo na Lua Cheia ou na Lua Crescente.

Ingredientes

Três velas pretas

Vela vermelha

Turmalina negra

Obsidiana negra

Sal marinho

Folhas de louro

Alecrim

Pimenta-negra

Verbena

Azeite

Frasquinho/saquinho

Erva-gateira (*catnip*), olíbano e incenso de mirra, vinho (oferendas)

Pilão e almofariz

> Se você não tiver um desses ingredientes, consulte a página 103 para saber quais substituições pode fazer.

Depois de me purificar e purificar o meu espaço, eu evoco os elementos para obter um poder extra. Também me conecto com a energia da natureza, não apenas ao lançar feitiço, mas também na minha prática mais ampla. Eu não costumo trabalhar com divindades, mas, nesse feitiço, optei por invocar a deusa egípcia da proteção, Bastet, mas você pode trabalhar com qualquer divindade da sua devoção. Você nem precisa evocar uma divindade, se não quiser. Essa foi a minha opção, mas sinta-se livre para personalizar esse feitiço fazendo as evocações e usando as palavras que lhe parecerem mais adequados no seu caso.

Nesse feitiço, a ideia é criar um frasquinho de proteção que você possa levar com você ou guardar dentro de casa. Se não tiver um frasquinho vazio, pode colocar os ingredientes num saquinho preto. Eu uso os saquinhos coloridos que muitas vezes servem de embalagem para joias, pois são do tamanho perfeito. O feitiço pede três velas pretas para proteção e uma vela vermelha para representar Bastet, mas, se for complicado para você usar velas coloridas, pode usar apenas velas brancas.

A turmalina negra ajuda a criar um escudo protetor e a obsidiana negra é usada para proteção e para combater maldições, feitiços e ataques psíquicos. Encha o frasquinho/saquinho enquanto se concentra na sua intenção para o feitiço. Assim que o recipiente estiver cheio, sele-o com a cera de uma vela preta ou amarre o saquinho com uma fita preta. Se o feitiço for para outra pessoa, dê a ela o frasco ou o saquinho para guardar.

Purifique seu corpo, seu espaço e seu altar usando folhas de cedro ou de louro.

Lance um círculo: use um círculo de sal ou barbante para visualizar o traçado de círculo no sentido horário, em torno de você.

Evoque os quatro elementos: *"Eu invoco os elementos Terra, Ar, Fogo e Água para abençoar meu círculo e me emprestar seus poderes".*

Acenda velas pretas e coloque os cristais ao lado das velas, do prato ou do caldeirão.

Coloque as velas num prato à prova de calor ou num caldeirão e espalhe ervas ao redor da base.

Triture as ervas e "vista" as velas pretas. Esfregue o óleo no sentido horário e enrole velas na mistura de ervas.

Invoque a divindade da sua escolha, como Bastet, a deusa egípcia da proteção.

Acenda a vela vermelha e diga: *"Eu humildemente peço a Bastet para me proteger das forças visíveis e invisíveis, de todas as energias e pensamentos negativos".*

Imagine as chamas aumentando a proteção ao seu redor. Deixe as velas queimarem até o fim e a cera esfriar. Colete as ervas restantes num frasco ou saquinho.

Visualize a energia que você gerou sendo liberada para fechar seu círculo. Varra o sal ou recolha o barbante num movimento anti-horário.

Agradeça e se despeça dos elementos na ordem contrária a que os invocou.

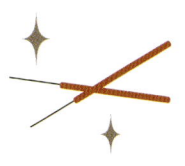

Agradeça a Bastet e deixe oferendas de vinho, erva-gateira e incenso de olíbano e mirra.

MAGIA DISCRETA

5

BRUXARIA NO ARMÁRIO DE VASSOURAS

O termo "no armário de vassouras" se tornou comum entre as praticantes de Bruxaria que não podem ou não querem praticar sua Arte abertamente. As bruxas permanecem no armário de vassouras por vários motivos. Algumas estão lá porque sua situação de vida não permite que pratiquem magia em público ou porque a família e outras pessoas à sua volta reagiriam negativamente se elas fossem sinceras. Outras estão no armário de vassouras porque não querem que as outras pessoas saibam de suas crenças pessoais e, infelizmente, algumas se encontram em situações em que seria fisicamente perigoso se revelassem que são bruxas e praticam a Arte, mesmo nos dias de hoje. Todos esses são motivos válidos que devem ser respeitados, e certamente não tornam essas praticantes menos bruxas!

Eu, pessoalmente, comecei minha jornada na Bruxaria numa época em que as crenças cristãs da minha família me levavam a crer que eu não podia revelar que eu era uma bruxa. Foi só em 2017, quando as minhas circunstâncias de vida mudaram, que pude me abrir sobre a minha Arte, e foi só então que eu percebi até que ponto a necessidade de manter segredo sobre essa parte de mim pesou sobre a minha alma. Senti que um peso enorme foi retirado dos meus ombros e isso foi libertador!

Embora ficar no armário de vassouras tenha suas desvantagens, não significa que você não possa praticar magia! Este capítulo contém muitas dicas sobre como celebrar os Sabás, cultuar as fases da Lua, fazer rituais matutinos e noturnos discretos, e muitas outras ideias e truques fascinantes para você praticar a Arte no armário de vassouras.

Visite os túmulos de
entes queridos.

Faça lanternas de abóbora
e decore o seu espaço.

Faça um pêndulo
usando um colar
com um pingente.

Defina intenções e metas
para o Ano Novo.

SABÁS SUTIS: SAMHAIN

Pesquise a história da
sua família.

Medite sobre o seu
crescimento ao longo
do último ano.

Decore uma árvore de
Yule com um pisca-pisca.

Faça uma caminhada em
meio à natureza para se
conectar com a Terra.

SABÁS SUTIS: YULE

Decore um tronco
de Yule.

Contemple o nascer do
sol/pôr do sol no
dia mais curto do ano.

Decore a sua casa com
luzes e outros tipos
de decoração da época.

Coloque uma guirlanda de
Yule na porta da frente.

SABÁS
sutis

Samhain

Samhain é o início do ano novo das bruxas, por isso é uma ótima época para definir suas intenções para o próximo ano. Dê um pouco de espaço a si mesma, para que possa pensar sobre o que você gostaria de conquistar nesse novo ano e como planeja alcançar os seus objetivos, de modo que tenha mais condições de definir suas intenções com mais clareza. Esse Sabá celebra os ciclos de vida e morte e é um momento propício para homenagear nossos ancestrais. Se for possível, visite os túmulos dos seus entes queridos e reserve algum tempo para se lembrar deles. Comece a pesquisar a história da sua família ou veja fotografias antigas como se fosse um ritual para se lembrar deles e homenageá-los. Compre até uma moldura especial para a sua foto de família favorita.

No mundo secular, o Halloween é uma data cada vez mais celebrada, portanto aproveite e decore o seu espaço de trabalho mágico ou a sua casa! Entalhe abóboras para comemorar a terceira e última colheita do ano e até mesmo experimente fazer compotas para estocar alimentos para o inverno. Samhain está associado com a adivinhação, pois o véu entre este e o Outro Mundo está mais tênue. Você pode praticar adivinhação mesmo que ainda esteja no armário de vassouras. Embora talvez não tenha um baralho de tarô, você pode facilmente fazer um pêndulo com um colar e um pingente, e praticar a escriação com uma tigela de água.

Yule

Quando se trata de celebrar os Sabás no armário de vassouras, descobri que eu tinha mais liberdade em Yule, pois muitas tradições e atividades foram incorporadas às celebrações cristãs e se tornaram parte do costume da sociedade de celebrar o Natal. Decorar árvores com luzes, bem como decorar a casa com sempre-vivas, velas e objetos coloridos são atividades comuns em torno do Natal, o que significa que essas práticas (que são essencialmente pagãs em sua origem) podem ser apreciadas como celebrações do dia mais curto do ano, enquanto você estiver no armário de vassouras. É hora de tirar o máximo proveito da apropriação cultural de ritos e tradições pagãs nesta época do ano!

Aventurar-se pela natureza é uma excelente maneira de celebrar cada Sabá, porque é um jeito discreto de honrar a mudança das estações e mergulhar nas energias do mundo natural. Também é uma boa maneira de ancorar e equilibrar nossas próprias energias pessoais, contribuindo ao mesmo tempo para aumentar nossa sensação de bem-estar. Assistir ao nascer ou ao pôr do sol no dia mais curto do ano é outra forma de não só comemorar o solstício de inverno e a passagem do tempo, mas também de fortalecer nossa conexão com a natureza.

Adquira uma planta num vaso ou mude de vaso uma planta que você já tem.

Faça suas próprias velas para dar as boas-vindas ao retorno do Sol.

Magia com canela.

SABÁS SUTIS: IMBOLC

Reverencie Brigid: saiba mais sobre essa deusa ou lhe dedique uma poesia.

Beba/coma laticínios (ou uma alternativa vegana).

Limpe e purifique seu espaço de trabalho.

Enfeite sua casa com flores da primavera.

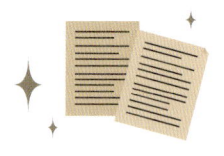

Faça planos para um novo projeto.

Limpe sua casa e varra o chã para afastar a energia ruim.

SABÁS SUTIS: OSTARA

Faça uma caminhada pela natureza e identifique sinais da primavera.

Cuide do seu jardim ou replante um vaso da sua casa.

Abra as janelas para deixar o ar da primavera entrar.

Imbolc

O primeiro festival do fogo do ano, Imbolc pode ser celebrado com uma ou várias velas de cera ou a bateria, caso você não possa acender velas de verdade para representar as fogueiras tradicionais desse Sabá, acesas para dar as boas-vindas ao retorno do Sol. Por ser um festival associado à deusa Brigid, consumir laticínios (ou substitutos veganos) e escrever poesias são formas tradicionais de homenagear essa deusa.

Cuidar do seu jardim ou mudar uma planta de vaso pode ajudá-la a se conectar com a fertilidade do solo, e é uma atividade discreta para você realizar em Imbolc. Esse Sabá é um ótimo momento para entrar em contato com suas próprias capacidades psíquicas, à medida que o mundo natural começa a despertar. Você pode usar canela para ajudar a conectá-la aos seus sentidos, pois a canela ajuda a aumentar a consciência psíquica. Você pode acrescentar a canela ao chá ou leite, colocá-la numa sobremesa como a torta de maçã ou acender um incenso de canela, se puder. Se nada disso for possível, basta ter um pau de canela na sua casa, para perfumar, limpar e purificar suavemente o ambiente.

Ostara

A limpeza da primavera é uma atividade fantástica associada ao festival de Ostara, para as praticantes que ainda estão no armário de vassouras.

Você pode não só limpar e organizar fisicamente o seu espaço de trabalho ou a sua casa, mas também visualizar qualquer energia negativa que tenha se acumulado sendo varrida para fora – e você não precisa de uma vassoura para fazer isso! Um aspirador de pó ou uma pá e uma escova farão o mesmo trabalho, se você concentrar sua atenção na remoção de qualquer energia indesejada. Ao fazer essa limpeza, abra todas as janelas, para deixar entrar o ar fresco da primavera! A celebração dos Sabás pode ser realizada sob o pretexto de atividades mundanas do dia a dia!

Se você tem mão boa para plantas, comece pela jardinagem! Plantar é uma ótima maneira de se conectar com as energias da terra. Você pode até tirar os sapatos e aterrar sua energia andando descalça ou se sentando na terra. Isso pode lhe proporcionar uma dose de energia natural, especialmente se seus próprios níveis de energia estiverem baixos. Se isso não for possível, comprar, plantar ou replantar um vaso é uma boa maneira de se conectar com a energia de crescimento e fertilidade de Ostara. Um passeio pela natureza ou apenas passar um tempo num parque público é sempre uma opção, especialmente se você não puder praticar jardinagem, pois isso lhe dará a possibilidade de ficar em contato com as energias naturais da terra.

Beltane

Como Beltane é um dos grandes festivais do fogo, celebrar esse sabá pode ser tão simples quanto acender uma vela vermelha, laranja ou amarela, que são cores que representam as fogueiras tradicionais dessa época do ano. Talvez você não possa acender uma fogueira, mas abençoar e acender uma vela pode ter o mesmo significado. Beltane é essencialmente sobre celebrar a vida, por isso preparar uma refeição especial com seus pratos favoritos ou decorar a casa com um simples vaso de flores da primavera são ótimas maneiras de comemorar esse Sabá.

Como as celebrações de Beltane geralmente ocorrem ao ar livre, aproveite o clima mais ameno para passear em meio à natureza. Saia ao ar livre ou faça um pequeno piquenique no seu local favorito em meio à natureza (o meu sempre foi na floresta perto da minha casa) e aproveite alguns pratos tradicionais de primavera, como pão, bolos, mel e vegetais sazonais. Isso vai lhe dar a chance de se conectar com a terra no auge das energias primaveris e apreciar uma nova vida surgindo em toda a sua beleza. A decisão de passar alguns minutos em meio à natureza e ouvir o canto dos pássaros já pode ajudá-la a aprofundar suas conexões com todas as mudanças sazonais que estão acontecendo ao seu redor.

Litha

Litha (ou o solstício de verão), que celebra o dia mais longo do ano, fica do lado oposto do Sabá de Yule, na Roda do Ano. Como em Yule, você pode celebrar o solstício saindo ao ar livre para observar o nascer do Sol ou, se isso levantar muitas suspeitas, fazer isso de uma janela da sua casa. Essa é uma maneira muito tradicional de homenagear o dia mais longo do ano e pode ser feito com discrição pelas bruxas que estão no armário de vassouras.

Trazer o mundo exterior para dentro de casa também é uma forma discreta de honrar os Sabás. Em Litha, encha um vaso com flores de verão e coloque-o na janela para ser energizado pelo Sol, durante o dia mais longo do ano. Mesmo que você coloque apenas uma flor num vaso com esse simbolismo, isso já a ajudará a se conectar com o Sabá e ao mundo natural. O período que passei no armário de vassouras me ensinou que nossos rituais ou atividades não precisam ser grandiosos ou complexos para serem significativos. Em Litha, as fogueiras são acesas para celebrar o poder do Sol e, embora essa possa não ser uma opção para muitas bruxas, acender uma única vela para representar uma fogueira ritual ainda é um ato simbólico cheio de significado.

Litha é o momento em que o Sol está no auge do seu poder, então aproveite os frutos de verão da terra, saboreando alimentos como melancia, uvas e ameixas. Você pode até colher algumas frutas, escolhendo aquelas da sua região que mais lhe agradam.

Faça um piquenique ao ar livre no seu local favorito em meio à natureza.

Tome um banho ritual usando flores de primavera.

Decore sua casa com flores de primavera da sua região.

SABÁS SUTIS: BELTANE

Plante bulbos e flores.

Acenda uma vela vermelha, laranja ou amarela para representar as fogueiras rituais.

Prepare alimentos sazonais para fazer uma refeição especial.

Decore a sua casa com flores de verão.

Reverencie o ano mais longo do ano contemplando o nascer do Sol.

Asse bolos de mel.

SABÁS SUTIS: LITHA

Faça uma caminha em meio a natureza.

Acenda uma vela para simbolizar o Sol.

Coma frutas de verão da sua região.

Faça magia da
prosperidade.

Colha girassóis. O miolo dessa
flor representa o Sol e as sementes
simbolizam fertilidade.

SABÁS SUTIS: LAMMAS

Faça compotas para
estocar comida para
o inverno.

Abençoe a sua casa ou
espaço de trabalho.

Prepare o seu jardim
para o inverno.

Medite sobre tudo o que
você já colheu
espiritualmente na sua vida.

Asse pães.

Faça uma caminhada pela
natureza e observe as folhas caindo.

Pratique a gratidão. Faça uma
lista ou colagem de fotos com tudo
pelo que gostaria de agradecer.

Compartilhe ou dê
comida àqueles
que precisam.

SABÁS SUTIS: MABON

Faça uma torta de maçãs ou
outra sobremesa com essa fruta.

Medite sobre o equilíbrio da
natureza para se conectar
com as mudanças sazonais.

Lammas (Lughnasadh)

Lammas é a primeira das três colheitas da Roda do Ano, por isso é um ótimo momento para assar pão ou tortas. Você também pode experimentar fazer compotas para estocar alimentos, como frutas em calda e geleias. Essas são atividades tradicionais de Lammas, uma época para nos prepararmos para o inverno que virá. Beba uma xícara de chá de camomila ou hortelã, para atrair sorte e, enquanto bebe, passe o dedo ao redor da borda da xícara, no sentido horário, para representar um aumento e atrair abundância para você.

Lammas é a celebração do meio do verão, mas também é um lembrete de que o inverno está próximo. Os meses de inverno eram os mais difíceis para todos, por isso era uma tradição, entre os pagãos e as bruxas, abençoar a casa antes dos meses de clima mais rigoroso. Passe de cômodo em cômodo e silenciosamente peça a bênção de qualquer poder superior com o qual você trabalhe (seja um deus, uma deusa ou o universo em geral) para que ele proteja cada cômodo, a casa toda e seus moradores.

Mabon

Mabon é o tempo em que a luz e a escuridão têm a mesma duração, antes que a Roda avance para a metade mais sombria do ano. É um bom momento para fazer um diário ou meditar sobre o equilíbrio, bem como para refletir sobre as áreas da sua vida que precisam de equilíbrio. Mabon também é um momento para expressar gratidão pela segunda colheita, por isso é uma ótima oportunidade para fazer uma lista ou uma colagem de fotos com todas as pessoas e lembranças pelas quais você é grata. A segunda colheita é aquela em que todos os grãos têm que ser estocados, por isso assar pão é uma ótima maneira de honrar esse Sabá, acrescentando na massa os frutos da colheita. Fazer qualquer coisa com maçãs também é uma boa atividade de Mabon, pois essa é tradicionalmente a hora de comer as últimas frutas do verão.

Mabon é o Sabá em que se costuma, por tradição, compartilhar a comida com os mais necessitados. Eu me lembro de ter participado das celebrações do festival da colheita todos os anos, durante a escola primária (essa é uma festa tradicional nas escolas no Reino Unido), quando coletamos alimentos não perecíveis para doar às instituições de caridade. Verifique nos seus armários de cozinha para ver que alimentos você poderia doar para os menos afortunados.

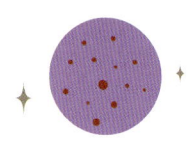

MAGIA
lunar

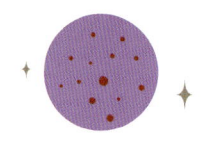

O fato de estar no armário de vassouras não precisa impedi-la de reverenciar as fases da Lua e se conectar com elas, usando-as como um instrumento poderoso de mudança e manifestação. A magia lunar não precisa ser complicada e existem muitos rituais e atividades simples, que podem ser praticados com discrição e sem levantar suspeitas. Você ainda pode seguir os ritmos da Lua e aproveitar o poder e a energia de cada fase, mesmo estando no armário de vassouras.

Diário Lunar

As suas intenções podem ser definidas na Lua Nova e as outras fases da Lua podem ser usadas para avançar em direção aos seus objetivos. Começar um diário lunar é uma boa maneira de registrar suas intenções e o modo como elas se manifestam gradualmente ao longo do tempo. O diário também é um ótimo recurso para registrar seus sentimentos a cada fase da Lua e manter controle sobre como os ritmos lunares influenciam as suas emoções, de modo que, com o tempo, você possa identificar qualquer padrão que possa surgir.

Diário dos sonhos

O diário dos sonhos é um ótimo recurso. Registre tudo de que você se lembra dos seus sonhos (sentimentos, imagens, símbolos e cores), especialmente no período em torno da Lua Cheia. Registrar seus sonhos em diferentes pontos do ciclo lunar a ajuda a ver como a Lua afeta seus sonhos e qualquer mensagem que receba. Se houver uma pergunta específica para a qual você gostaria de uma resposta, escreva-a no seu diário antes de dormir e isso poderá ajudá-la a encontrar respostas.

Limpeza com água

A Lua controla as marés aqui na Terra, por isso a água é uma ótima maneira de você se conectar com as energias lunares. Fique perto de um lago ou rio no dia em que a fase da Lua estiver alinhada com as suas necessidades e quaisquer intenções. Em casa, encha um copo ou tigela com água e use-a como um auxiliar da meditação. Você ainda pode fazer a Água da Lua enquanto estiver no armário de vassouras. Coloque um copo ou jarra de água no parapeito de uma janela por algumas horas para absorver a energia da Lua. Você pode fazer isso sem que ninguém perceba e o copo nem precisa ser colocado do lado de fora para ser totalmente carregado. A Lua Cheia também é um momento de limpeza e purificação, o que faz dessa fase lunar o momento perfeito para você tomar um banho de sal, como um ritual de limpeza, para remover qualquer energia indesejada ou negativa. Você provavelmente já tem sal na sua cozinha!

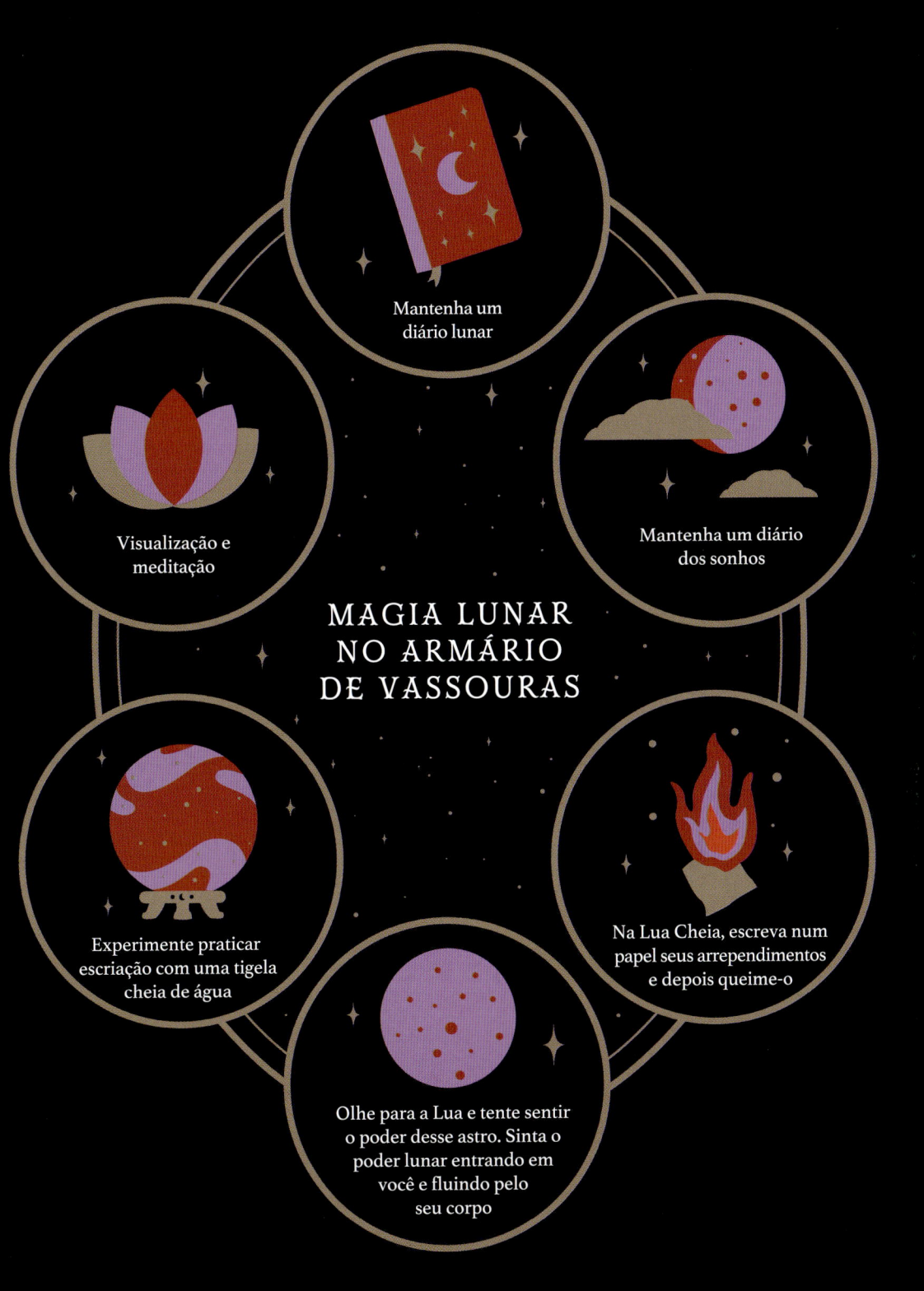

Mantenha um
diário lunar

Mantenha um diário
dos sonhos

Visualização e
meditação

MAGIA LUNAR
NO ARMÁRIO
DE VASSOURAS

Experimente praticar
escriação com uma tigela
cheia de água

Na Lua Cheia, escreva num
papel seus arrependimentos
e depois queime-o

Olhe para a Lua e tente sentir
o poder desse astro. Sinta o
poder lunar entrando em
você e fluindo pelo
seu corpo

Adivinhação com água

A água pode ser usada como um instrumento fácil e acessível de adivinhação. Muitos métodos de adivinhação não são aconselháveis para bruxas que estão no armário de vassouras, mas uma tigela com água é uma superfície perfeita para você praticar a escriação e também não vai denunciá-la, pois não parece Bruxaria! A escriação é o ato de olhar dentro de uma superfície reflexiva, para captar mensagens e significados. A palavra "escriação" vem de uma palavra do inglês antigo, *descry*, cujo significado é "discernir o que é vago e obscuro", o que significa que a escriação é o ato de revelar o invisível e o desconhecido.

Olhe para a superfície da água com um olhar desfocado, mantendo os olhos o mais relaxados possível. Quanto mais você relaxa e olha, mais sintoniza a sua segunda visão e se torna capaz de receber imagens e mensagens.

Rituais escritos

Existem muitos rituais que ajudam você a se conectar com a Lua Nova. Escreva numa folha de papel todas as coisas que você deseja eliminar ou banir da sua vida, como maus hábitos, pensamentos negativos ou padrões de pensamento doentios e, em seguida, queime o papel para liberar o feitiço. Se você não puder queimar o papel, rasgue-o ou corte-o em pedacinhos, pois o efeito em termos energéticos será o mesmo. Você pode fazer um ritual semelhante na Lua Cheia, queimando ou rasgando uma lista de qualquer arrependimento que carregue e que esteja impedindo você de seguir em frente. A conexão com a Lua dessas maneiras, em ambas as fases, pode ser um catalisador poderoso para a mudança. Embora esses rituais pareçam muito simples, eles têm potencial para produzir resultados poderosos se forem bem feitos.

Buscando clareza

A visualização e a meditação são recursos muito úteis, principalmente no armário de vassouras, pois não só podem ajudá-la a se concentrar durante os feitiços e rituais, como também podem alinhá-la com qualquer fase da Lua. Essa é uma forma discreta de Bruxaria, pois nenhum instrumento é necessário, exceto a força da mente. Sempre defina muito bem no que você quer se concentrar, antes de começar a visualização ou a meditação, e qual fase da Lua corresponde melhor à sua necessidade. Sente-se em algum lugar confortável, onde a Lua possa ser vista, e visualize aquilo que você quer como se já fosse uma realidade. Veja e sinta com todos os seus sentidos, pois, quanto mais detalhadas forem suas visualizações, mais precisa será a energia que você direciona para as suas intenções. Não se preocupe se no início você achar a meditação e a visualização difíceis e sua mente começar a divagar. Se isso acontecer, apenas recentralize e concentre-se novamente. Essa é uma habilidade que fica mais fácil com a prática e a perseverança.

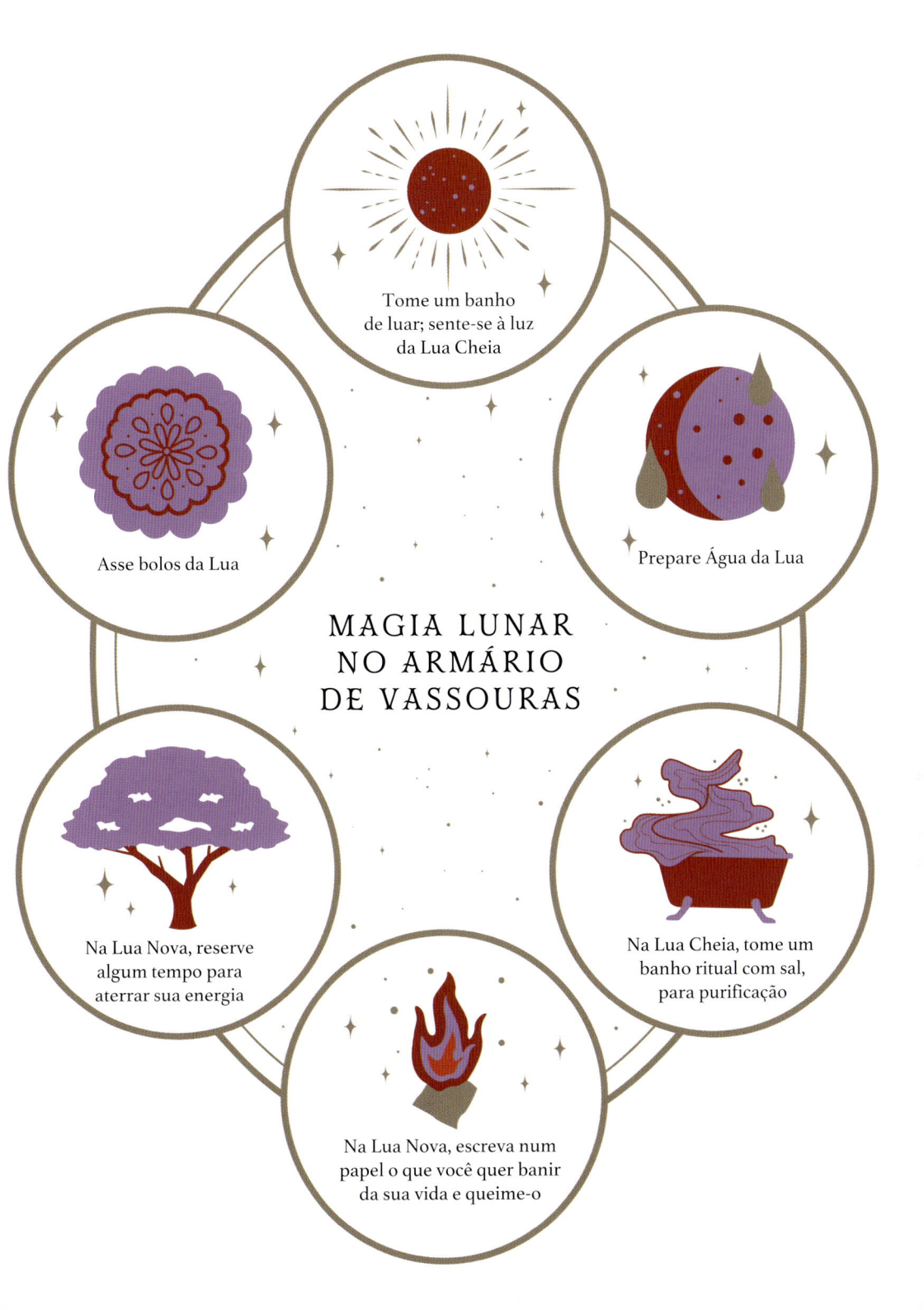

Tome um banho de luar; sente-se à luz da Lua Cheia

Prepare Água da Lua

Asse bolos da Lua

MAGIA LUNAR
NO ARMÁRIO
DE VASSOURAS

Na Lua Nova, reserve algum tempo para aterrar sua energia

Na Lua Cheia, tome um banho ritual com sal, para purificação

Na Lua Nova, escreva num papel o que você quer banir da sua vida e queime-o

BRUXARIA SUTIL

Faça um pequeno altar portátil com uma caixa que seja fácil de esconder.

Cultive ervas aromáticas na cozinha.

Desenhe um sigilo mágico que se alinhe com as suas intenções e esconda-o dentro da capinha do celular.

Desidrate ervas colocando-as dentro das páginas de um livro.

Use os ingredientes ao seu redor, como o sal da sua cozinha e dentes-de-leão do seu quintal.

Se você puder acender incensos, faça sal negro com as cinzas.

Sempre que mover o fecho da correntinha em seu pescoço para trás, faça um pedido.

Acenda velas no banho, para promover um local seguro para a sua prática de magia com velas.

Conecte-se com a natureza

Use cartas de um baralho comum como cartas de tarô.

Reutilize ou atribua uma nova função a potes e garrafas.

Use objetos do dia a dia, como anéis ou colares, como talismãs.

Aproveite ao máximo a internet para aprender sobre Bruxaria e se conectar com outras bruxas.

DICAS DE
Bruxaria sutil

Enquanto você está no armário de vassouras, pode ser difícil integrar elementos da sua Arte à sua vida diária sem ser muito aberta e óbvia em suas ações. Isso pode ser ainda mais difícil se você estiver no início da sua jornada pela Bruxaria. Por experiência própria, descobri que isso era um ato de equilíbrio entre dois sentimentos opostos: querer que meu ofício permanecesse longe dos olhos daqueles ao meu redor, mas ao mesmo tempo ter o desejo inato de me expressar plenamente e não esconder a Bruxa que sou. Mas é preciso dizer que contar à família e aos amigos sobre a prática mágica não é o objetivo de todas as bruxas. É surpreendente quantas maneiras descobri, ao longo dos anos em que tive de esconder minha Arte, para encontrar um equilíbrio entre honrar quem eu realmente era e ainda assim praticar a Bruxaria de maneiras que não me criassem problemas.

Se você tem um baralho de cartas comuns, pode usá-las como cartas de tarô. A leitura do tarô não precisa ser uma prática de adivinhação fora do seu alcance simplesmente porque você está no armário de vassouras. Cada carta do baralho corresponde a uma carta diferente dos Arcanos Menores (ver Capítulo 8 para mais detalhes) e pode ser usada para uma variedade de leituras. Essa é uma maneira muito discreta de praticar a

adivinhação e você pode até já ter um baralho de cartas guardado em algum lugar e já pode começar a usá-lo.

Conectar-se com a natureza é uma maneira fácil de praticar a Arte e isso pode ser feito de muitas maneiras. Ficar em meio à natureza pode ajudar você a aterrar e centrar sua energia, e ajudá-la assim a se conectar com o ritmo das estações. Você pode fazer um altar com uma pequena caixa ou lata, que contenha coisas como uma vela de réchaud, fósforos, pedras ou cristais que tenha encontrado, ou um pouco de sal num frasco – qualquer coisa que você queira usar e caiba num recipiente pequeno, que seja fácil de guardar e esconder.

Você pode não ter lugar para esconder frascos cheios de ervas, mas pode desidratar e manter as ervas dentro das páginas de um livro, com um peso em cima dele. Cultivar suas próprias ervas aromáticas, como manjericão, alecrim, tomilho e hortelã, para usar na "cozinha", não é apenas uma boa maneira de se conectar fisicamente com a Mãe Natureza (ao plantar e cuidar delas), mas também uma ótima maneira de ter ingredientes para uma variedade de propósitos mágicos. Elas podem ser cultivadas no jardim ou em vasos pequenos, e podem até ser compradas em supermercados.

RITUAIS
matinais

Enquanto eu estava no armário de vassouras, descobri o enorme valor dos pequenos rituais, particularmente pela manhã e à noite, porque atividades e trabalhos de magia mais complicados não eram uma opção. Ações como desenhar um pentagrama sobre sua bebida matinal para proteção e acender uma vela de réchaud para ajudá-la a se concentrar e definir suas intenções para o novo dia podem ser estratégias muito simples e discretas, mas também muito poderosas. Desenhar sigilos mágicos que se alinhem com seus objetivos nas etiquetas das roupas que você vai usar ou colocar uma joia como um colar ou anel que você tenha enfeitiçado são duas outras maneiras simples, mas poderosas de levar a sua magia com você ao longo do dia.

Você pode reservar algum tempo para praticar adivinhação e astrologia em sua rotina matinal, baixando um dos muitos aplicativos gratuitos para ler seu horóscopo diário. Verifique também os muitos aplicativos de leitura de tarô gratuitos para celular, como alguns que permitem que você "tire" cartas diariamente e leia a interpretação da carta sorteada. Ou, se você tiver um baralho comum, como já mencionado, use as cartas como Arcanos Menores do tarô; tire uma carta toda manhã, para obter orientação sobre o dia. Você pode transformar o ato mundano de tomar um banho matinal numa oportunidade de limpeza e proteção. Visualize a água limpando você de qualquer energia negativa ou indesejável e a visualize como energia de proteção.

Reservar um tempo para me centrar em meio à natureza é algo que tento fazer todas as manhãs. Se o clima está bom, geralmente faço isso no meu quintal, enquanto tomo minha primeira xícara de café. Se o tempo estiver quente, fico descalça. A chance de se conectar com a natureza, mesmo que seja por apenas 5 minutos, pode trazer benefícios num nível espiritual e emocional. Se você normalmente se exercita pela manhã, passe a fazer isso ao ar livre. Em vez de ir à academia, experimente fazer uma corrida num parque e respire um pouco de ar fresco também!

RITUAIS MATINAIS

Acenda uma vela e defina suas intenções para o dia.

Mexa sua bebida no sentido horário para aumentar e anti-horário para diminuir.

Desenhe num papel um sigilo mágico alinhado com suas intenções e guarde-o dentro da capinha do celular.

Desenhe sigilos mágicos nas etiquetas das suas roupas.

Faça exercícios suaves como ioga para se alongar e se centrar.

Fique descalça na grama.

Use as cartas de um baralho comum como Arcanos Menores do tarô e tire uma carta pela manhã para obter orientação para o dia.

Anote suas afirmações para o dia.

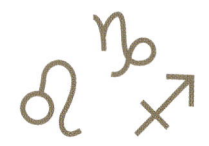

Baixe um aplicativo de horóscopo e leia as previsões diárias para o seu signo.

Quanto tomar uma ducha visualize a água limpando e protegendo você.

Trace um pentagrama de proteção sobre sua xícara no café da manhã.

Medite por 5 a 10 minutos sobre seus objetivos e intenções diárias.

Cuide dos seus vasos de plantas.

RITUAIS NOTURNOS

Coloque um amuleto bonito em produtos como sabonete líquido para o rosto, hidratante e loção de limpeza.

Mexa sua bebida no sentido horário para aumentar e anti-horário para diminuir.

Saia ao ar livre para aterrar sua energia rapidamente ou abra a janela para deixar entrar ar puro.

Tome um banho ritual com espuma de banho com aroma de lavanda.

Acenda uma vareta de incenso de lavanda. Esses incensos são cada vez mais comuns em qualquer lugar.

Beba um chá de ervas relaxante como o de camomila.

Tire uma carta para saber qual será o tema do seu dia.

Purifique-se das energias do dia.

Comece um diário de manifestações sobre coisas que você almeja.

Faça meditação e exercícios de respiração.

Pratique a gratidão pelas coisas boas do seu dia.

RITUAIS
noturnos

Rituais noturnos tendem a ser aqueles que ajudam você a desacelerar após as atividades do dia. Eles nos dão uma chance de relaxar e também de refletir sobre o que aconteceu e pensar no dia seguinte. Existem muitas opções para quem está no armário de vassouras, mas aqui estão algumas das minhas práticas noturnas favoritas.

Muitas pessoas gostam de ler antes de dormir, pois a noite é uma ótima oportunidade para baixar um *e-book* sobre Bruxaria e fazer algumas pesquisas, ou ler sobre algum aspecto da Arte que lhe interesse. Estudar é um aspecto importante da nossa prática e o fato de você estar no armário de vassouras não precisa ser uma barreira entre você e os materiais sobre Bruxaria. Muitos livros estão disponíveis gratuitamente na internet. Você pode ler muitos livros em seu celular ou no *tablet* agora mesmo! A tecnologia certamente tornou mais fácil o acesso a fontes confiáveis de informações e de maneira discreta. Outra opção é ouvir um dos muitos *podcasts* sobre bruxaria disponíveis, que podem enriquecer ainda mais sua pesquisa e aprendizagem.

Eu descobri que é mais fácil incorporar rituais matinais e noturnos à minha rotina quando eles potencializam ações e atividades que já realizo, como visualizar meu sabonete líquido e minha loção de limpeza retirando as energias acumuladas do dia e colocar um feitiço de beleza no hidratante e no creme para o rosto que aplico antes de dormir. Beber uma xícara de chá de camomila ou outro chá relaxante de ervas faz parte da minha rotina noturna, pois me ajuda a diminuir o ritmo do dia. Saquinhos de chá de ervas de todos os sabores são cada vez mais comuns em supermercados e lojas não especializadas e consumir esses chás não é considerado estranho. Faça seus próprios chás de ervas, abrindo os saquinhos de chá da sua escolha e usando as ervas desidratadas para criar sua própria mistura. Você também pode colocar essas ervas num saquinho de musselina e usá-las num banho ritual.

Outro ritual que gosto de realizar antes de dormir é fazer uma limpeza em todos os níveis do meu ser, para ter certeza de remover quaisquer energias indesejáveis que se acumularam ao longo do dia. Isso é algo que você pode fazer mesmo estando no armário de vassouras, pois existem outras maneiras de limpar a si mesmo e o seu espaço sem que seja preciso acender incensos de ervas. Experimente a visualização, a meditação com luz ou som, tudo o que pode ser praticado com a discrição de que precisar, mas que ainda sejam muito eficazes.

BRUXARIA E
cuidados pessoais

Os cuidados pessoais são importantíssimos para todos nós, especialmente na era em que vivemos e, não importa quem somos, precisamos cuidar da nossa saúde física, mental e espiritual. Os cuidados pessoais vão além de tratamentos faciais e banhos de espuma, e sem dúvida são ainda mais necessários se você está praticando sua Arte no armário de vassouras.

Viver no armário de vassouras não é um caminho fácil, pois ele pode pesar muito em seu bem-estar emocional, mas as práticas da própria Bruxaria podem propiciar uma estrutura que nos ajude a cuidar de nós mesmos. As práticas baseadas na natureza, em particular, são indispensáveis para os cuidados pessoais, e os pequenos rituais da vida diária também podem ajudá-la a aterrar sua energia, reduzindo os níveis de estresse e ansiedade.

O contato com a natureza é muito importante, seja passeando no seu local preferido da natureza, no seu jardim ou num espaço verde como um parque público, caso você seja uma bruxa urbana. Quanto mais conexão você tem com o mundo natural, maior o impacto positivo que ele exercerá sobre o seu bem-estar. Experimente fazer algum exercício suave, como yoga ou meditação, ao ar livre se você puder. Se alguns desses exercícios já fazem parte da sua prática diária, transferir sua prática para locais ao ar livre (quando o clima permitir) pode ser uma maneira fácil de ajudá-la a incorporar ao seu dia o tempo do mundo natural. Fazer pausas regulares, longe da tecnologia do mundo de hoje, é importante para todos nós, por isso troque o tempo que passa em frente à tela do celular por uma caminhada ou pela leitura do livro que deseja começar há meses.

Saber como aterrar sua energia adequadamente é uma habilidade inestimável, que ajudará a promover uma sensação maior de bem-estar e ajudar na prática da sua Arte. Sente-se confortavelmente e visualize uma luz branca preenchendo o núcleo do seu corpo. Deixe essa luz fluir em direção ao solo até encontrar a energia da Terra. Para ajudar, veja sua própria energia com uma cor diferente. Visualize a energia da Terra subindo e preenchendo todo o seu corpo e visualize sua própria energia se misturando com ela. Se você se sentir esgotada, pode puxar mais energia da Terra para dentro do seu corpo e usá-la para recarregar suas baterias e se reequilibrar.

Começar um diário de cuidados pessoais é uma boa maneira de registrar seus pensamentos e sentimentos e todos os seus atos de cuidado para consigo mesma. O mero registro no diário já pode ser uma ação terapêutica, mas manter um controle de como os diferentes métodos de cuidado pessoal fazem você se sentir, e que impacto eles exercem sobre a sua sensação mais ampla de bem-estar, ajuda você a reconhecer qualquer eventual padrão que possa surgir. Esse diário também pode ajudar você a se entender melhor e descobrir como oferecer ao seu corpo e à sua alma o que eles mais precisam.

BRUXARIA E CUIDADOS PESSOAIS

Inicie um diário de cuidados pessoais.

Aprenda a aterrar sua energia da maneira apropriada.

Ouça o seu corpo, descanse e diminua o ritmo quando necessário.

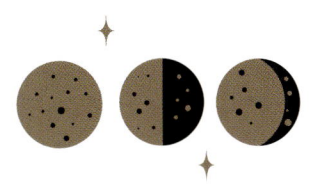

Flua com o ciclo lunar. Manifeste na Lua Cheia, descanse na Crescente Minguante.

Acolha e abasteça a sua criatividade.

Anote num papel qualquer negatividade que você esteja sentindo. Depois, queime-o ou corte-o em pedacinhos para liberá-la.

Purifique seu corpo e sua casa regularmente.

Faça uma pausa da tecnologia.

Saia ao ar livre e entre em contato com a natureza.

Medite ou pratique ioga ao ar livre.

Expresse gratidão regularmente.

Alimente-se bem, nutra o seu corpo.

6
SIGILOS MÁGICOS

O sigilo é um sinal ou símbolo mágico que foi criado para representar uma intenção ou objetivo em particular. Bruxas e ocultistas têm usado sigilos há séculos, mas símbolos para fins específicos, como reverenciar uma divindade (num contexto religioso), têm sido usados por muitas civilizações antigas, desde milênios atrás – exemplos disso são a cruz cristã e a estrela de Davi dos judeus.

Na magia moderna, os sigilos são em geral usados em assuntos pessoais, como atrair riqueza, proteção, cura, estabelecer limites mais fortes e representar uma intenção ou pensamento. Sigilos são uma ótima maneira de dar uma forma física a um pensamento ou objetivo específico. Eles podem ser desenhados, entalhados ou queimados em qualquer tipo de material, mas geralmente são simplesmente desenhados com uma caneta ou lápis numa folha de papel.

COMO USAR
sigilos mágicos na sua arte

A magia dos sigilos é baseada na filosofia de que todos nós somos os criadores do nosso próprio futuro e todos temos o potencial de gerar a mudança que queremos ver em nossa vida. Os sigilos podem ajudar você a manifestar as sementes da intenção que você quer plantar, enquanto cria e constrói o sigilo. É o ato da própria criação que dá ao sigilo o seu poder. Esse é um dos meus tipos favoritos de magia, porque não há uma maneira realmente certa ou errada de fazer um sigilo. Eles podem ser tão simples ou complexos quanto você quiser que sejam, o que os torna uma forma acessível de magia para aqueles que estão apenas começando sua jornada pela Bruxaria.

Enquanto você cria seu sigilo, você tece sua criatividade, determinação, força de vontade e ritual em suas intenções, o que dá muito mais poder à sua capacidade mágica de manifestar seus desejos. A magia com sigilos é incrivelmente poderosa, pois coloca você no comando da sua própria vida.

A intenção é uma parte central desse tipo de magia – é a força dela que codifica os seus sigilos com as coisas que você deseja manifestar.

Os sigilos atuam como uma chave para a sua mente subconsciente, que permite que você acesse o seu completo potencial para a magia. Eles são capazes de superar qualquer coisa que pode estar prendendo você, como pensamentos negativos, dúvidas, medo e o receio que sua mente consciente tem de não ser aprovada. Esses símbolos mágicos ajudam a reprogramar a mente subconsciente e ajudam a substituir quaisquer crenças autolimitantes por pensamentos focados no que você quer manifestar.

Embora os sigilos sejam instrumentos mágicos poderosos, eles não são um substituto para a ação. Os sigilos podem ser usados para provocar grandes mudanças interiores, mas você também precisa fazer o trabalho exterior. Combinando a sua magia com sigilos com a ação, você ajudará a garantir o sucesso da sua magia.

Os sigilos podem ser usados de muitas maneiras e em muitos lugares diferentes. Muitas vezes, um sigilo tem que ser destruído de alguma forma para liberar sua magia no Universo e para que possa funcionar em seu subconsciente (ver página 139). Aqui, eu incluí um exemplo do tipo de magia que se alinha bem com cada lugar específico, mas não é de modo algum o único tipo de magia conectado a cada localização física.

Os sigilos podem ser desenhados por você com uma caneta e depois lavados, desenhados numa pedra, que é depois jogada no mar ou num rio para deixar a água lavar o sigilo, e eles podem até ser desenhados na sua comida. Use um molho para desenhar um sigilo numa pizza, salada ou sanduíche e depois coma. Um dos meus métodos favoritos é, após um banho quente, traçar um sigilo no espelho embaçado pelo vapor e depois observá-lo desaparecer à medida que o vapor diminui.

Desenhe um sigilo num quadro-negro ou branco para ajudar você a reforçar limites, e depois apague-o.

Trace um sigilo numa flor para representar o aumento da sua autoconfiança. Guarde uma pétala ou folha da flor para aumentar a energia.

DESENHE E REMOVA SEU SIGILO

Desenhe numa pedra um sigilo de purificação ou banimento e depois jogue-a num rio.

Trace um sigilo de proteção no seu corpo e depois tire-o com água e sabão.

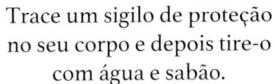

Trace um sigilo de saúde no ar, sobre a sua refeição, e depois saboreie a comida.

Escreva um sigilo de proteção para abençoar a sua casa no box ou no espelho embaçados do banheiro e depois observe-o se desvanecer.

CRIE SEU PRÓPRIO SIGILO

A intenção é o principal fator
do seu sigilo mágico.

Quando escrever suas intenções,
evite que sejam vagas ou complexas demais.
Procure ser o mais clara e precisa possível.

Visualize suas intenções se manifestando
no plano material, para mantê-las
sempre em foco.

Depois que tiver criado e
ativado seu sigilo, tente esquecê-lo.

Isso ajuda a registrar seu sigilo no seu
subconsciente, onde ele continuará
cumprindo o propósito para o qual foi criado.

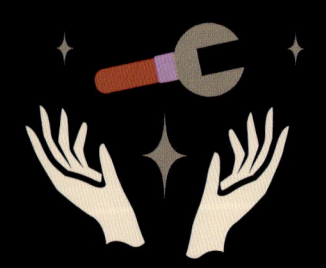

Os sigilos não são substitutos da ação.
Você precisa continuar fazendo a sua parte
para apoiar o trabalho mágico.

CRIE O
seu sigilo

Ao criar o seu próprio sigilo, saiba que existem cinco etapas importantes que são necessárias para a criação de todos os tipos de magia com sigilos:

Considere suas intenções

Antes de colocar a caneta no papel, é bom que você estabeleça intenções claras e bem definidas. Se as suas intenções são muito vagas, a energia do sigilo vai ficar desfocada e é menos provável que seja tão eficaz. O mesmo provavelmente acontecerá se suas intenções forem muito complicadas. Se você tem mais de uma intenção, faça um sigilo para cada uma delas, para garantir que seus objetivos e metas sejam precisos.

Expresse suas intenções

Maneiras de expressar suas intenções podem incluir:

Eu preciso ... "Eu preciso de força para superar os desafios da minha vida."

Eu sou ... "Estou protegida de qualquer energia negativa."

Dou as boas-vindas ... "Eu dou as boas-vindas a mais amor na minha vida."

Projete o seu sigilo

Existem muitas técnicas diferentes que você pode usar para projetar o seu sigilo, como o método da sentença (consulte a página 136). Você também pode pesquisar e usar métodos como o método da roda e o método da grade de Saturno.

Carregue e ative o seu sigilo

Escolha como você gostaria de carregar e ativar o seu sigilo (veja a página 139). Essa etapa é importante, pois lhe dá a oportunidade de impregnar seu sigilo com mais poder, e então controlar como esse poder pode ser liberado.

Esqueça o sigilo!

Depois de criar e ativar o seu sigilo, faça o máximo para esquecê-lo. Essa etapa é muitas vezes ignorada, mas é uma etapa essencial para completar sua magia com sigilos. O ato de esquecer o sigilo ajuda a comprometer o seu símbolo com o seu subconsciente, onde ele pode funcionar sem ser influenciado e perturbado pela sua mente consciente e suas limitações.

O MÉTODO
da sentença

omo o processo de criação é fundamental para essa forma de magia, provavelmente não é surpreendente saber que os sigilos que você mesmo faz geralmente são muito mais poderosos do que aqueles feitos por terceiros. Isso não significa que você não possa usar um sigilo criado por outra pessoa se ele estiver alinhado com o que você deseja manifestar, mas como falta nele o seu ato real de projetar e criar o sigilo, isso pode torná-lo menos eficaz.

O método da sentença foi o primeiro método que eu aprendi quando comecei a projetar sigilos, e eu ainda o uso como parte da minha própria prática.

Primeiro Passo

Decida o propósito do seu sigilo e estabeleça as suas intenções. Ele pode ter qualquer propósito, desde atrair prosperidade e riqueza, até uma saúde melhor ou força para reforçar os seus limites pessoais. Lembre-se de que quanto mais longa for a sentença com que você vai começar, mais complicado seu sigilo será quando for concluído, e mais complexo não significa necessariamente mais poderoso. Quando você estiver feliz, escreva suas intenções na íntegra, conforme visto na primeira linha do exemplo dado neste livro.

Segundo Passo

Em seguida, remova da sua sentença todas as vogais e letras repetidas. Nesse ponto, o objetivo é simplificar suas intenções tanto quanto possível.

Terceiro Passo

Desconstrua as letras restantes, resumindo-as a simples linhas e curvas, que representem o restante das letras das suas intenções. Por exemplo, a letra "M" pode ser reduzida às formas I V I. A letra "H" pode ser reduzida a I - I.

Quarto Passo

A última etapa é usar todas as linhas e curvas simplificadas da terceira etapa e construir as formas num design completo. Você pode mudar a posição das diferentes linhas e curvas até encontrar um desenho que a agrade — lembre-se de que é você quem escolhe onde vai colocar cada forma separada. Eu escolhi refazer o sigilo "Estou protegida" do exemplo com base na forma básica de uma cruz, mas essa foi uma escolha puramente pessoal. Essa é uma grande oportunidade para ser criativa! Apenas certifique-se de usar todas as letras simplificadas das suas intenções no final do desenho do seu sigilo.

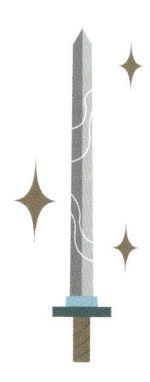

O MÉTODO DA SENTENÇA: EXEMPLO

1. EU SOU PROTEGIDA

2. ~~EU SOU PROTEGIDA~~

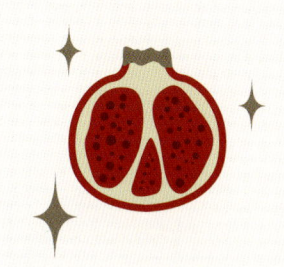

3. | V | | ? | ˥ \ (|)

4.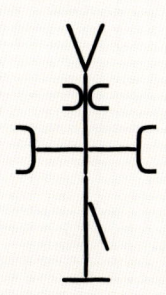

"Eu sou protegida"

CRIE O SEU SIGILO

ATIVAÇÃO ATIVA

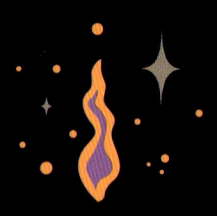

Queime o sigilo.

Deixe que a água dissolva o papel.

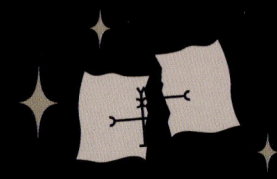

Rasgue o papel do
sigilo ao meio.

Desenhe o sigilo no seu
corpo e lave-o.

ATIVAÇÃO PASSIVA

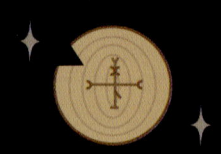

Entalhe o sigilo num
pedaço de madeira.

Desenhe o sigilo num
papel e guarde-o com você.

Desenhe o sigilo no seu corpo
e deixe que se apague naturalmente.

Entalhe o sigilo numa vela e
acenda-a quando necessário.

SIGILO
como carregar e ativar

Depois que você projetou seu sigilo e o desenhou no item escolhido, é hora de carregá-lo e ativá-lo. Essas são duas partes cruciais de qualquer tipo de magia com sigilos mágicos, por isso não devem ser ignoradas. É por meio dos atos de carregar e ativar o seu sigilo que você vai concentrar as energias das suas intenções e depois liberá-las para que a magia funcione.

Como carregar

Carregar seu sigilo significa impregnar o símbolo com as suas intenções, para conferir poder ao sigilo. Todo o nosso corpo é capaz de projetar e receber energia, mas as nossas mãos, em particular, são instrumentos poderosos no trabalho com energias, assim como no trabalho mágico com sigilos. Para descobrir qual é a sua mão projetiva (que irradia energia), entrelace os dedos, deixando as mãos descansarem sobre o colo ou uma mesa. Olhe para seus polegares e repare em qual dos dois está por cima dos outros dedos. O polegar que está por cima é o da sua mão projetiva.

Segure o sigilo em sua mão projetiva e concentre-se nas intenções específicas que você definiu. Use a visualização para ver a si mesmo atualizando as intenções do seu sigilo e conquistando o que quer. Leve o tempo que for necessário para sentir a energia fluindo da sua mão projetiva para o sigilo, carregando-o de energia. Quando você se sentir pronta, é hora de ativá-lo.

Como ativar

A ativação é uma forma de liberar a energia do seu sigilo no Universo, para que ela possa fazer o seu trabalho. Existem dois tipos de ativação de sigilo: a ativa e a passiva. A ativação ativa é ótima para manifestações rápidas e poderosas, como o banimento, uma vez que o sigilo só precisa ser usado uma vez e será destruído no processo de ativação. Queimar o sigilo é uma maneira tradicional de usar o processo de ativação ativa, mas desenhar seu sigilo em qualquer coisa que você possa rasgar ou dissolver na água é um ótimo método alternativo.

Se você quer que a magia do seu sigilo dure e surta efeito por um longo período de tempo (como um sigilo para um projeto em que você está trabalhando ou um sigilo para aumentar algo), a ativação passiva é o método mais adequado. Nesse método, o sigilo não será destruído, mas sim guardado, para que possa continuar a liberar sua magia lentamente, ajudando você a alcançar seus objetivos de longo prazo. Esses sigilos podem ser esculpidos em madeira ou cera, costurados em algum material, desenhados num papel ou mesmo no corpo, de onde se apagarão gradualmente. Os sigilos ativados de modo passivo podem durar de alguns dias a vários anos.

7

ERVAS

As ervas têm sido usadas há milhares de anos na magia e na cura. Eu adoro a magia das ervas desde os primeiros dias da minha prática e, quanto mais me desenvolvo como Bruxa, mais eu faço uso das ervas na minha Arte. Uma erva pode ser definida como qualquer tipo de planta com folhas, sementes ou flores, que são úteis para os seres humanos, quer sejam usadas pelo seu sabor na cozinha, pelas suas propriedades medicinais, pela sua fragrância em incensos e perfumes e, no nosso caso, para a magia.

As ervas incorporam os quatro elementos. Elas crescem no solo (Terra), usam a luz e o calor do Sol (Fogo) para produzir os nutrientes de que precisam, usam a umidade do solo e da chuva para crescer (Água) e extraem dióxido de carbono do seu ambiente imediato, para produzir oxigênio (Ar). Se você usa ervas na sua prática de magia, isso significa que você trabalha com os próprios elementos da natureza e com o poder da energia da terra na sua forma mais potente.

Antes de começar a trabalhar com ervas, saiba que existem algumas regras básicas que você precisa seguir. Nunca ingira ou toque numa erva não identificada. Sempre pesquise sobre suas ervas antes de ingeri-las ou deixar que entrem em contato com a sua pele, e consulte um fitoterapeuta ou um médico antes de trabalhar com quaisquer ervas se você estiver grávida, sofrer de alergias ou tiver algum tipo de problema de saúde. Se você não se sentir bem ou tiver qualquer reação ao manipular uma erva, procure um médico imediatamente.

COMO USAR AS ERVAS

2. Óleos
Use óleo de oliva, girassol ou semente de uva como base e adicione a erva escolhida, deixando-a em infusão. Use o óleo para untar velas, untar seu corpo e os seus instrumentos.

3. Banhos rituais
Espalhe as ervas apropriadas na água do banho ou coloque-as num saquinho de tecido e prenda-o no chuveiro ou deixe-o flutuando na água da banheira. Deixe que as ervas aromatizem a água do seu banho e banhe-se com intenção.

1. Queime ervas
Muitas ervas, depois de desidratadas, podem ser queimadas com brasas de carvão para produzirem fumaça. As varetas e os cones de incenso são alternativas também.

4. Tintura
Pode-se deixar as ervas mergulhadas no álcool etílico ou em glicerina, para preservá-las e extrair suas propriedades medicinais. Consuma duas colheres de sopa todo dia ou noite.

COMO

usar as ervas

Existem muitas maneiras de integrar as ervas à sua prática. A seguir, estão algumas formas de usar a magia e o poder medicinal das ervas em sua Arte.

Incenso

Preparar incensos com folhas secas, caules e flores de ervas é uma das minhas formas favoritas de usar as ervas em meu ofício. Antes de queimar as ervas, triture-as usando um pilão e um almofariz. Siga uma receita, geralmente medida em "partes", ou crie sua própria mistura. Para queimar incenso solto, acenda um disco de carvão e deixe-o aceso por alguns minutos para esquentar. Coloque as ervas desidratadas em cima do carvão, para liberar sua fumaça perfumada. Varetas e cones de incenso são outras boas opções.

Óleos

Preparar um óleo mágico usando ervas ou especiarias é um processo simples. Use óleo de semente de uva, oliva ou girassol como base e, em seguida, adicione às suas ervas escolhidas. Deixe as ervas mergulhadas no óleo por algumas semanas, para permitir que o aroma das ervas impregne o óleo, antes de usá-lo para ungir seu corpo, as velas, outras pessoas ou seus instrumentos, dependendo das propriedades das ervas. Você também pode usar óleo essencial no lugar das ervas desidratadas, se preferir. Óleos, qualquer que seja o método do seu preparo, geralmente têm uma vida útil de dois a três anos.

Banhos rituais

As ervas podem ser espalhadas diretamente na água quente do banho ou podem ser colocadas num saquinho de pano e usadas como o saquinho de chá, para infundir a água do banho. Se usar o saquinho, você vai poder se beneficiar das propriedades mágicas das ervas e elas não vão entupir o seu ralo. Prepare e aproveite o seu banho com a intenção da sua magia em mente.

Atenção: Se você tem a pele sensível ou propensão para reações alérgicas, não deixe de fazer antes um teste, passando um pouco da infusão ou decocção de ervas na pele, antes de usá-las no seu banho ritual.

Saquinhos/sachês

As ervas podem ser colocadas num saquinho, para que você possa carregar sua magia com você. Os saquinhos coloridos usados para acondicionar joias são perfeitos para esse tipo de trabalho, mas eles também podem ser comprados na internet por um preço acessível e numa grande variedade de cores. Escolha um saquinho colorido, que se alinhe com suas intenções, para conferir um impulso extra à sua magia.

COMO USAR AS ERVAS

2. Saquinho ou sachê
É muito fácil fazer um saquinho mágico. Coloque as ervas escolhidas (e os cristais ou outros itens) dentro de um saquinho de algodão ou veludo e carregue-o com você.

3. Chá
As ervas também podem ser usadas no chá. Adicione ervas desidratadas à água fervente e deixe-as em infusão por cinco minutos antes de tomar o chá.

1. Decocção
A decocção é uma infusão concentrada, feita com ervas fervidas por 20 a 40 minutos. São usadas as partes mais duras da erva ou planta, como casca, raízes e sementes.

4. Infusão
A infusão é feita derramando-se água fervente sobre as ervas para fazer o chá. Usam-se mais ervas na infusão e elas ficam na água por mais tempo, normalmente de um dia para o outro.

Chá

Também chamado de "tisana", o chá de ervas tem muitas propriedades mágicas e medicinais. Esmague delicadamente as ervas para que liberem seu sabor e coloque-as num bule ou use um infusor de chá. Despeje agua quente sobre as ervas e deixe-as em infusão por cerca de cinco minutos antes de beber, para que o calor da água possa extrair as propriedades mágicas e medicinais das ervas.

Infusão

A infusão de ervas é feita da mesma forma que o chá de ervas, mas as ervas ficam imersas por muito mais tempo, para trazer à tona o sabor mais completo e profundo do ativo fitoterápico que você está usando. Despeje água bem quente sobre ervas, frutas secas, folhas, flores ou sementes comestíveis, para liberar seu sabor. As infusões podem ser feitas no fogão, adicionando as ervas a uma panela de água fervente. Continue mexendo a mistura para liberar o sabor e as propriedades mágicas e medicinais das ervas escolhidas. Tampe a panela e deixe as ervas em infusão durante a noite. Ao fazer uma infusão, você vai utilizar mais ervas do que usaria ao fazer um chá. Eu uso cerca de 2 a 3 colheres de sopa de ervas para cada caneca média de água. Esse método favorece o uso de folhas, caules e flores e as partes mais macias das ervas. Coe o chá antes de servir. Recomendo deixar as infusões na geladeira e usá-las como bebida ou em seus trabalhos de magia por não mais de 24 horas.

Decocção

Uma decocção é uma infusão muito forte. Para prepará-la, ferva as ervas em água por um período mais prolongado, para produzir uma substância concentrada. Esse método favorece o uso de casca, raízes, sementes e outras partes mais resistentes de ervas e plantas. Use 1 a 2 colheres de sopa de ervas para 1 xícara de água fria e adicione mais água se necessário, para manter o nível de água original na panela. Coloque a água e as ervas numa panela e leve para ferver, em seguida cozinhe por 20 a 40 minutos. Retire do fogo e deixe esfriar em temperatura ambiente antes de coar as ervas. Recomenda-se usar a decocção imediatamente, mas você pode deixá-la na geladeira e usá-la dentro de 48 horas. Se você planeja ingerir ou passar a decocção na pele, certifique-se de que está utilizando ingredientes seguros.

Tintura

As tinturas são extratos de ervas concentrados feitos com álcool ou vinagre, usados pelas suas propriedades mágicas e medicinais. O álcool atua como um solvente, que extrai essas propriedades das ervas. As tinturas podem ser tomadas puras ou diluídas em água ou num chá. Coloque as ervas numa garrafa (encha-a até a metade com ervas), em seguida complete a garrafa com vodca (com pelo menos 40% de álcool) ou vinagre. Deixe a mistura descansar por cerca de 8 semanas antes de usá-la. As tinturas de ervas feitas com álcool ou vinagre têm uma vida útil de 3 a 5 anos, pois o álcool preserva a mistura.

ERVAS E ESPECIARIAS PARA O DIA A DIA

1. Manjericão – Proteção pessoal, proteção da casa, amor, luxúria, capacidades psíquicas, riqueza
2. Folhas de louro – Proteção, purificação, sucesso, capacidades psíquicas, desejos, prosperidade
3. Pimenta-do-reino – Proteção, coragem, afastar negatividade ou inveja, estimular a memória
4. Canela – Capacidades psíquicas, poder, proteção, sucesso, luxúria, atrair dinheiro, força, espiritualidade
5. Camomila – Cura, felicidade, acalmar, sono, dinheiro, amor, purificação, proteção
6. Cravo-da-índia – Proteção, dinheiro, amor, prosperidade, exorcismo

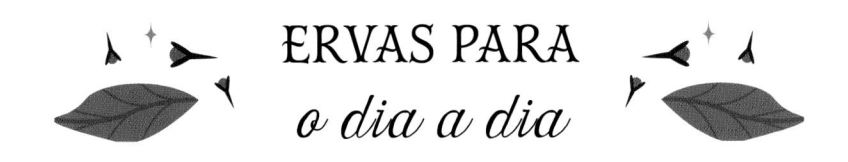

ERVAS PARA
o dia a dia

ALECRIM (*Rosmarinus officinalis*)

Essa erva versátil melhora as faculdades mentais e a memória. Coloque o alecrim no óleo e use-o para ungir uma vela amarela. Acenda a vela numa quinta-feira para ajudar nos estudos acadêmicos e para melhorar as notas. Use alecrim num banho ritual para limpeza pessoal ou queime-o como incenso para produzir uma fumaça purificadora.

CAMOMILA (*Chamaemelum nobile*)

A camomila tem poderes medicinais incríveis e é muito relaxante. Beba o chá para ajudar a aliviar o estresse, promover a paz interior e auxiliar no sono. Queime a flor de camomila como incenso para purificação ou use-a para proteção pessoal, tomando um banho ritual com camomila moída. De um modo geral, a camomila é útil para alergias, mas algumas pessoas são alérgicas ou sensíveis a ela. Se você tem a pele sensível e reativa, é uma boa ideia experimentar uma pequena infusão de camomila nas mãos antes de tomar um banho completo com essa erva.

CANELA (*Cinnamomum zeyanicum*)

Queimar incenso de canela dentro de casa pode aumentar as vibrações espirituais do ambiente. A canela também pode ser usada em feitiços para atrair dinheiro e prosperidade e para aumentar capacidades psíquicas naturais. Essa especiaria também confere a qualquer feitiço uma potência extra.

COMINHO (*Cumimum cyminum*)

O cominho promove a fidelidade. Quando queimado com olíbano, as qualidades protetoras do cominho são intensificadas. É particularmente útil para proteção contra roubos. Espalhe as sementes pela casa ou nas entradas principais da sua propriedade para protegê-la contra ladrões.

CRAVO-DA-ÍNDIA (*Eugenia caryophyllus*)

Quando queimado como incenso, o cravo-da-índia purifica o ar e dissipa todas as energias negativas. Acenda um incenso de cravo ou enfie cravos numa vela vermelha e acenda-a para evitar fofocas e boatos. O cravo é um bom ingrediente para feitiços e trabalhos de banimento e para proteção contra ataques psíquicos.

ENDRO (*Anethum graveolens*)

O endro é um ótimo ingrediente para usar em feitiços e amuletos de amor. Para atrair um amor e tornar-se irresistível para um amante, coloque as sementes num saquinho de musselina e mergulhe-o na água de um banho ritual ou pendure-o sob o chuveiro. Use folhas e sementes de endro em feitiços para atrair dinheiro. Lembre-se de verificar se você é sensível ao endro antes de tomar banho com ele, caso tenha propensão para alergias.

ERVA-CIDREIRA (*Melissa officinalis*)

Conhecida como "o Elixir da Vida", a erva-cidreira é associada à cura. Mergulhe a erva-cidreira no vinho e compartilhe a taça para aprofundar o seu vínculo com o seu parceiro ou para fortalecer uma amizade. Queime o incenso de erva-cidreira com capim-limão para limpar e purificar.

LAVANDA (*Lavandula officinalis*)

Queime alfazema como incenso (solto, varetas ou cones) ou use num saquinho embaixo do travesseiro para tranquilizar e ajudar a dormir. O chá de lavanda e camomila antes de dormir combate a insônia. Para atrair o amor, coloque flores de lavanda em seu armário para perfumar as roupas.

LOURO (*Laurus nobilis*)

Use uma folha de louro como amuleto de proteção ou acrescente folhas de louro na sopa para afastar qualquer energia negativa. Dizem que, se você escrever um desejo numa folha de louro e depois queimá-la, o seu desejo se torna realidade. O louro pode ser usado num banho ritual ou num feitiço para a prosperidade. Se você for propensa a reações alérgicas, por favor, consulte o alerta sobre banhos rituais na página 143, antes de usar essa erva.

MANJERICÃO (*Ocimum basilicum*)

Coloque um sachê de manjericão em cada cômodo da sua casa para afastar o mal ou energias negativas. O manjericão, ao ser ingerido, pode propiciar clareza e força, e guardado no bolso ajuda a atrair riqueza.

MENTA (*Mentha spp*)

Associada ao elemento Ar, a menta ajuda na comunicação e adiciona força e poder às suas palavras, especialmente se consumida no chá. Queimar, carregar e comer menta ajuda a atrair o amor, bem como a preservar e proteger os relacionamentos.

MILEFÓLIO (*Achillea millefolium*)

O milefólio é uma erva protetora quando usada em saquinhos ou sachês e também insufla coragem no portador. Segure essa erva na mão por alguns minutos para reduzir o sentimento de medo. Prepare um chá com milefólio para aumentar a clarividência ou passe essa erva nas pálpebras para aumentar a consciência psíquica.

ERVAS E ESPECIARIAS
DE TODO DIA

1. Trevo – Proteção, dinheiro, sucesso, sorte, fidelidade, amor, purificação
2. Cominho – Proteção, fidelidade, afastar ladrões, paz
3. Endro – Proteção, amor, luxúria, dinheiro, sorte, romance
4. Lavanda – Sono, paz, amor, calma, proteção, purificação, clareza mental
5. Erva-cidreira – Calma, sucesso cura, longevidade, equilíbrio, purificação, ansiedade
6. Menta – Cura, proteção, dinheiro, sorte, comunicação, prosperidade, limpeza

NOZ-MOSCADA *(Myristica fragrans)*

Use o óleo de noz-moscada para ungir uma vela verde, role-a no pó de noz-moscada e queime essa especiaria para atrair dinheiro. Faça o mesmo com uma vela roxa para intensificar as capacidades psíquicas. Adicione noz-moscada à comida e à bebida para melhorar as habilidades divinatórias e propiciar clarividência.

ORÉGANO *(Origanum vulgare)*

O orégano pode ajudar a fortalecer um relacionamento de amor, mas também ajuda no processo de desapego de um ente querido, após o luto ou um rompimento. Unte uma vela verde, depois enrole-a em orégano desidratado, antes de acendê-la, para atrair sorte e prosperidade.

PIMENTA-DO-REINO *(Piper nigrum)*

Quando misturada com sal, a pimenta-do-reino pode ser polvilhada ao longo da soleira da porta da frente para proteção ou para afastar qualquer energia negativa ou indesejada. Carregar um amuleto de pimenta-do-reino afasta o ciúme.

ROSA *(Rosa spp)*

A rosa está muito associada ao romance e é tradicionalmente usada em feitiços de amor. Queime as pétalas desidratadas como incenso ou beba o chá para aumentar o sentimento de paixão. Polvilhe pétalas desidratadas de rosa vermelha ou algumas gotas de óleo de rosas num banho ritual para atrair um romance e para fomentar sentimentos de amor-próprio.

TOMILHO *(Thymus vulgaris)*

Queimar tomilho com olíbano antes de um feitiço ou ritual é um ótimo recurso para limpar e purificar o ambiente. Faça um óleo de tomilho e acrescente-o a um banho ritual para limpeza pessoal e para renovar o espírito. Coloque o tomilho sob o travesseiro para ter um sono repousante e bons sonhos.

TREVO *(Trifolium)*

O trevo comum de três folhas é uma erva com grande propriedade de proteção, especialmente se usada como amuleto. O trevo de quatro folhas, menos comum, fortalece as capacidades psíquicas. O trevo mais raro, de cinco folhas, pode atrair dinheiro, se levado na carteira para atrair riquezas.

ERVAS E ESPECIARIAS DE TODO DIA

1. Noz-moscada – Sorte, dinheiro, fidelidade, capacidades psíquicas poder, sucesso
2. Orégano – Dinheiro, saúde, amor, felicidade, paz, coragem
3. Rosa – Amor, romance, cura, adivinhação para o amor
4. Alecrim – Proteção, poderes mentais, purificação, cura, amor, sono, bloqueia energia negativa
5. Tomilho – Saúde, purificação, amor, cura, capacidade psíquica, sono
6. Milefólio – Amor, coragem, capacidade psíquica, exorcismo

COLETA

Coleta é a prática de encontrar e coletar qualquer tipo de instrumento, alimento e ervas medicinais na natureza.

Esse conhecimento pode ser aplicado à Bruxaria e proporcionar um suprimento gratuito de ingredientes para os seus feitiços.

A coleta é uma grande oportunidade para expandir seu conhecimento sobre as ervas e para você ler sobre suas propriedades mágicas e medicinais.

Forragear regularmente é uma boa maneira de se conectar.

Não subestime as ervas que são consideradas "daninhas". Elas têm um vasto leque de propriedades mágicas e também são úteis em feitiços.

Você ficará surpresa ao conhecer as ervas que crescem na sua região, mesmo que seja um grande centro urbano.

COLETA

◇◇◇◇

ATENÇÃO: Nunca ingira ou toque numa erva não identificada. Sempre use luvas ao fazer a coleta e, na dúvida, não colha a erva. Você deve garantir que o que quer que esteja coletando não seja uma espécie protegida ou retirada de uma propriedade particular. Sempre pesquise ANTES de começar a coletar.

A coleta é a habilidade e a prática de encontrar alimento, ervas medicinais e até instrumentos no mundo natural. Não é de modo algum uma prática moderna e em geral é feita manualmente e para uso individual. A coleta e a Bruxaria andam de mãos dadas, e sua prática pode trazer muitos benefícios. Ela nos dá uma razão e uma oportunidade para sair ao ar livre e ficar em contato com a natureza, o que nos ajuda a vivenciar a mudança das estações e perceber como a passagem do tempo afeta o mundo natural na nossa região. Quando saímos em busca de itens úteis e ervas identificáveis, começamos a notar detalhes mais sutis dos ciclos da Terra. Isso pode nos ajudar a nos conectarmos com a mãe Natureza num nível mais profundo, enquanto presenciamos fisicamente sua generosidade.

A coleta também facilita o acesso a uma vasta gama de ingredientes para feitiços, e tudo de graça! Essa é uma prática que está disponível para todas as bruxas, mesmo aquelas com um orçamento mais apertado. Mesmo que more num centro urbano, você pode se surpreender ao descobrir os tipos de erva que crescem na sua região. Observe as cercas-vivas, parques, reservas, bosques, florestas e até mesmo o seu quintal, para ter uma ideia dos tipos de ervas que você pode coletar. Existe algo muito especial sobre o uso de ervas que você mesma coletou para os seus feitiços e rituais, especialmente se você as colheu com intenções que estão em sintonia com as propriedades das ervas.

Identificar as ervas que você encontra pelo caminho pode ser complicado, mas, se você não conhece bem uma erva que encontrou, é melhor não coletá-la até saber mais sobre ela. Felizmente, existem muitos aplicativos bons por aí que permitem que você tire uma foto de uma erva não identificada e descubra qual o seu nome e espécie. Se você prefere um livro, então o de Scott Cunningham, *Encyclopaedia of Magical Herbs* [A Enciclopédia de Ervas Mágicas] é um ótimo guia de coleta. A única regra ao fazer a coleta é lembrar de pegar apenas o que você precisa e não coletar ervas demais, pois temos a responsabilidade de cuidar do mundo natural enquanto praticamos a nossa Arte. E sempre peça permissão à planta antes de coletá-la.

Estragão

Erva-cidreira

Menta

Lavanda

Manjericão

Salsa

ERVAS COM ALTO TEOR DE UMIDADE

ERVAS COM BAIXO TEOR DE UMIDADE

Alecrim

Orégano

Sálvia

Erva-doce

Tomilho

Louro

Manjerona

COMO
desidratar as ervas

A desidratação de ervas é um processo muito fácil e existem dois métodos comuns que são simples e não exigem instrumentos ou materiais especiais. O método que você usa é geralmente determinado pelo teor de umidade e fragilidade das ervas que deseja desidratar. As ervas com um alto teor de umidade mofam rapidamente, então é melhor que sejam desidratadas no forno. A desidratação ao ar livre é o método mais adequado para desidratar ervas com um baixo teor de umidade. Esse é um processo muito mais longo do que a desidratação feita no forno, mas esses tipos de ervas não vão mofar antes de estarem totalmente secas. É preferível usar ervas desidratadas em vez de frescas, pois o processo de desidratação concentra as qualidades da erva, tornando-a 3 a 4 vezes mais forte, pois fazem a água dentro dela evaporar.

Desidratação ao ar livre ou dentro de casa

Para desidratar as ervas ao ar livre ou dentro de casa, você pode mantê-las num buquê e pendurá-las, ou colocá-las na horizontal. Se as ervas que você quiser desidratar forem delicadas e se desfizerem facilmente quando manuseadas, é melhor secá-las na horizontal. Descarte qualquer parte danificada, em seguida espalhe as folhas saudáveis e os caules uniformemente, numa única camada, dentro de uma assadeira forrada com papel-manteiga. Coloque a fôrma num local com sombra e baixa umidade. Vire as ervas a cada 12 horas ou mais, para que sequem de maneira uniforme e completa. Esse método desidrata as ervas em cerca de 2 a 4 dias.

Se as ervas escolhidas forem mais robustas, você pode desidratá-las colocando-as num escorredor ou amarrando-as em buquês. Amarre 3 a 4 hastes juntas com barbante e pendure-as de cabeça para baixo num local sem umidade. Conforme as ervas secam e encolhem, você talvez precise apertar o nó que prende os buquês. O processo leva de 2 a 4 semanas.

Desidratação no Forno

Espalhe as ervas uniformemente, numa única camada, dentro de uma assadeira forrada com papel-manteiga. Coloque a assadeira no forno preaquecido, na temperatura mais baixa possível, e deixe por 2 a 4 horas. Fique de olho nas ervas, pois elas queimam com facilidade. Se você está preocupada que suas ervas queimem, mas ainda assim quer secá-las no forno, existe a opção de deixar a porta do forno um pouco aberta para permitir que o ar circule ali dentro.

AS ERVAS
e a lua

Não há dúvida de que a Lua desempenha um papel importante em vários aspectos da Bruxaria e coletar ervas não é nenhuma exceção. A energia das ervas e plantas flui de acordo com as fases lunares, assim como as marés são afetadas pela atração gravitacional da Lua em diferentes estágios do seu ciclo. Algumas bruxas optam por seguir esses ciclos para saber quando colher as ervas, de modo que elas exerçam um efeito mais forte em seus feitiços. Existe uma antiga tradição segundo a qual a vitalidade de todas as ervas, especialmente suas flores, folhas e sementes, é intensificada e concentrada pela Lua Cheia ou Crescente, pois ela retira energia da terra e a direciona para as extremidades das ervas, assim ocorre com a atração da Lua sobre as marés. Na Lua Minguante ou Nova, essa energia recua para baixo, em direção à terra, o que faz desse o período mais propício para coletar raízes para usar em trabalhos mágicos.

A coleta consciente usa as fases da Lua como orientação para decidir o melhor momento de colher as ervas, mas você também pode coletar suas ervas no dia da semana e na hora do dia que mais se alinham com a intenção dos seus trabalhos e com as propriedades das próprias ervas. Consulte a página 96 para ver mais detalhes sobre o significado mágico dos dias da semana e dos horários do dia, para ajudá-la a escolher o momento certo para coletar suas ervas.

Usar o ciclo da Lua para determinar quando coletar as ervas não é uma prática que você deva usar em sua Arte se ela não fizer sentido para você. Essa não é uma prática que você deva se sentir pressionada a adotar. Costumo usá-la quando posso planejar meu trabalho com bastante antecedência, mas às vezes podemos estar em apuros e não ter tempo para planejar ou esperar pela fase lunar necessária.

Muitas bruxas, inclusive eu, usam ervas que foram colhidas e desidratadas por outras pessoas. Nesse caso, não há como saber em que fase da Lua isso aconteceu. Não se preocupe com a possibilidade de isso exercer um impacto negativo sobre o seu trabalho de magia. Não há dúvida de que a coleta consciente adiciona energia ao seu trabalho, mas usar ervas que não foram coletadas dessa maneira certamente não tornará seu feitiço mais fraco ou malsucedido.

Podemos nos basear nas fases da Lua para saber quando é melhor coletar as ervas para os nossos feitiços.

Se não usarmos esse método, isso não tornará nossos trabalhos malsucedidos ou as ervas ineficazes, elas apenas não serão tão poderosas quanto poderiam ser.

Durante a Lua Crescente e a Lua Cheia, a atração gravitacional da Lua atrai a energia da terra para as folhas, flores e sementes, por isso esses são os melhores períodos para coletar ervas.

AS ERVAS E A LUA

Se este método não ressoar com a sua Arte, não se sinta pressionada a adotá-lo em sua prática. Faça o que parece certo para você.

Durante a Lua Minguante e a Lua Nova a energia volta para a terra, por isso esses são ótimos períodos para se coletar raízes.

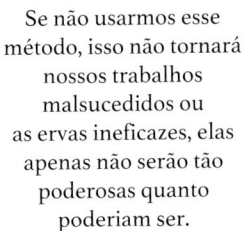

Coletar ervas com base no dia da semana, bem como nas fases da Lua, confere à sua magia um impulso extra.

8
ADIVINHAÇÃO

Adivinhação é a arte de obter conhecimento oculto ou prever o futuro por meio de instrumentos interpretativos. Esse conhecimento pode vir de uma divindade, de seus próprios sentidos intuitivos ou do seu subconsciente, mas, se você conseguir acessá-lo, pode usá-lo como uma chave para entrar em contato com seu eu superior e obter a resposta que está procurando. Normalmente, a adivinhação oferece orientação, em vez de respostas específicas, e cabe a nós interpretar essa orientação usando um instrumento divinatório como o tarô, o pêndulo ou a escriação.

Muitas bruxas optam por praticar a adivinhação como parte da sua Arte. É comum que elas pratiquem mais de uma forma de adivinhação, mas, se você não é atraída por nenhum método, não se sinta pressionada a fazer da adivinhação uma parte da sua prática. Isso certamente não a torna menos bruxa!

A adivinhação pode assumir muitas formas diferentes e nenhum método é melhor ou mais válido do que os outros. O método geralmente é escolhido com base na sua preferência e no tipo de instrumento divinatório que faz mais sentido para você. Não tenha pressa para analisar os diferentes tipos de adivinhação e use sua intuição para descobrir qual a atrai mais!

REI

Liderança, autoridade, pulso
firme, maturidade, autoritário,
decidido, dominador

RAINHA

Carinhosa, prática, receptiva, exerce
um controle sutil, busca energia
interiormente, cuidadora, amorosa

CARTAS
DA CORTE

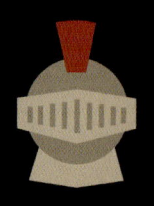

CAVALEIRO

Aventura, progressão, empenho
para atingir um objetivo,
tendência ao excesso,
agir antes de pensar

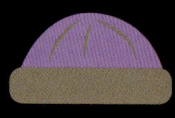

VALETE

Infantil, novidade, curioso,
inícios, espontâneo, iniciação,
explorar novidades, início de
uma jornada, potencial

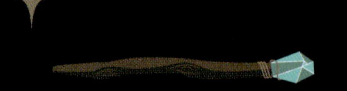

PAUS
FOGO

Inspiração, entusiasmo,
energia, objetivos a mente,
ambições, sonhos

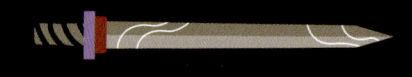

ESPADAS
AR

Ação, inteligência, comunicação,
pensamentos, verdade

NAIPES
DO TARÔ

OUROS
TERRA

Bens materiais, riquezas, lar,
generosidade, dinheiro

COPAS
ÁGUA

Emoções, intuição, criatividade,
qualidade do seu relacionamento,
amor, amizade

TARÔ
(Cartomancia)

Este é o primeiro tipo de adivinhação que eu experimentei e, mesmo depois de terem se passado muitos anos, continua sendo o meu favorito! As cartas de tarô são instrumentos incríveis de cura – elas nos ajudam a acessar nossos sentimentos verdadeiros e a nos compreendermos de uma forma mais profunda, no nível da alma. É um equívoco comum achar que as cartas de tarô predizem o futuro; porém, elas não agem dessa maneira. O tarô proporciona uma orientação espiritual e ajuda você a se conectar com a sua sabedoria interior, propiciando uma compreensão mais profunda das circunstâncias.

O baralho de tarô é composto de 78 cartas, cada uma com seu significado e simbolismo. Cada baralho é dividido em duas partes, os Arcanos Maiores e os Arcanos Menores.

Os Arcanos Maiores

O tarô tem 22 cartas chamadas Arcanos Maiores, que representam as grandes lições da vida, pelas quais passamos à medida que amadurecemos. Essas cartas se referem a prazos longos, e muitas vezes lições kármicas e espirituais que influenciam o nosso presente. Os Arcanos Maiores contam a história de uma jornada, com cada carta tendo um significado anímico profundo. O Louco (a primeira carta dos Arcanos Maiores) é a figura principal dessa jornada e as 21 cartas restantes falam dele em várias etapas da vida, à medida que ele amadurece, aprende, passa por adversidades e enfrenta desafios. A jornada do Louco reflete a nossa própria e os grandes temas da vida que todos nós vivenciamos à medida que avançamos através da nossa própria jornada, por isso os Arcanos Maiores são considerados a base do baralho de tarô.

Os Arcanos Menores

Os Arcanos Menores são compostos de 56 cartas e organizados em quatro naipes – Paus, Espadas, Ouros e Copas. Enquanto os Arcanos Maiores representam influências de longo prazo, as cartas dos Arcanos Menores geralmente têm um efeito curto e temporário. Eles destacam a energia que está passando pela sua vida e oferecem uma visão da sua situação atual. A orientação que os Arcanos Menores oferecem não está gravada em pedra e você tem a capacidade de mudar a situação que apresentam se não gostar do que as cartas lhe mostram. Você tem completo controle e as cartas dos Arcanos Menores podem ajudá-la a descobrir o que fazer em sua situação atual, a fim de alcançar seus objetivos. Entre os Arcanos Menores, existem 16 Cartas da Corte – Reis, Rainhas, Cavaleiros e Pajens (Valetes). Nas leituras do tarô, elas representam principalmente uma pessoa (seja você mesmo ou outra pessoa) e as fases da vida de uma criança até se tornar um adulto altamente qualificado. A partir disso, cada carta tem seu próprio conjunto de características e traços de personalidade. Elas podem nos ajudar a compreender os outros e a nós mesmos num nível mais profundo, pois as cartas da Corte podem nos dar uma visão do que a pessoa em questão pensa, sente, e por que ela age da maneira como age.

1. *Novos inícios, pureza, potencial, oportunidade*

2. *Equilíbrio, dualidade, escolhas, parceria, união*

3. *Crescimento, criatividade, grupos, formação de equipe, competição*

4. *Estrutura, manifestação, fundações, estabilidade*

5. *Conflito, mudança, instabilidade, imprevistos, obstáculos*

6. *Alívio do conflito, cooperação, comunicação*

7. *Reflexão, reavaliação, avaliação, autoconsciência*

8. *Ação, progresso, domínio, realizações, crescimento*

9. *Cumprimento, pausa, fruição, realização*

10. *Conclusão, fim de ciclo, renovação, renascimento*

A LEITURA
das cartas de tarô

O início da sua jornada pelo tarô pode parecer complicado, mas saiba que você não precisa memorizar o significado de todas as 78 cartas. Sem dúvida há uma maneira mais fácil! Um bom método para aprender o básico sobre os Arcanos Menores e Maiores é usar a numerologia. Usando esse método, você só precisa se lembrar do significado geral dos números de 1 a 10. Cada um dos quatro naipes dos Arcanos Menores, com exceção das cartas da Corte, tem cartas numeradas de 1 e 10; portanto, se aprender o significado de cada número, isso pode ajudá-la a compreender 40 cartas! Dessa maneira, você pode começar a construir uma base realmente sólida, sobre a qual pode aumentar o seu conhecimento do tarô.

Depois de dominar os significados das cartas numeradas de 1 a 10, também é útil saber mais sobre os quatro diferentes naipes, para que você possa saber em que contexto interpretar os significados associados às cartas numeradas. Veja mais sobre os naipes de Ouros, Espadas, Paus e Copas na página 160. Combine o que você sabe sobre os números com o que você aprendeu sobre as características de cada naipe e isso lhe dará um conhecimento prático de cada uma das 40 cartas dos Arcanos Menores.

O método da numerologia também pode ser aplicado aos Arcanos Maiores. Embora os Arcanos Maiores sejam compostos de 22 cartas, é realmente fácil aplicar o método da numerologia. Para as cartas numeradas de 1 a 10, use os significados dos números mostrados na página ao lado. Para as cartas numeradas de 11 a 22, basta somar os dois dígitos dos números de cada carta para obter um número de 1 e 10. Por exemplo, o Enforcado, que é a carta número 12, é 1 + 2 = 3, e o número 3 representa criatividade e crescimento.

Embora o método de numerologia não possa ser aplicado às cartas da Corte, ainda há uma maneira fácil de interpretá-las. Na maioria das vezes, essas cartas representam uma pessoa – compreender os diferentes traços de personalidade e características associadas aos Reis, Rainhas, Cavaleiros e Pajens pode ajudar você a interpretar seu significado. Esses significados podem, então, ser colocados no contexto do naipe a que pertencem, de modo que possam ajudar a aprofundar a compreensão de cada carta. Esse método torna o aprendizado do tarô muito mais acessível e menos complicado, e dá a você um conhecimento prático que pode ser utilizado como base, enquanto você avança em sua prática e aprende cada vez mais.

O TARÔ E
as cartas do baralho comum

Você pode usar as cartas de um baralho comum como um baralho de tarô. Essa é uma ótima opção se você está no armário de vassouras e não pode ter um tarô. Muitas residências têm um baralho de cartas numa gaveta; esses baralhos são baratos e podem ser usados como uma forma discreta de adivinhação. Vou lhe explicar como você pode fazer isso.

Embora o uso generalizado das cartas de tarô como forma de adivinhação não tenha se popularizado até o final dos anos 1700, o tarô foi concebido pela primeira vez como jogo de cartas na Europa medieval, especialmente na Itália. Conhecido como *trionfi*, esse jogo popular continha cartas com quatro naipes e cartas da Corte, que nós agora conhecemos como Arcanos Menores. A diferença crucial é que o baralho de cartas comum é composto de 52 cartas, enquanto o baralho de tarô tem 78 cartas.

Faltam no baralho de cartas, portanto, as 22 cartas dos Arcanos Maiores e, embora isso possa significar que a profundidade e significado extras dessas cartas estarão faltando, isso não quer dizer que a adivinhação com cartas de baralho comuns não possa fornecer uma leitura detalhada.

As cartas comuns podem ser um pouco mais difíceis de ler, porque não há imagens para nos guiar e dar dicas sobre o que as cartas significam, como acontece com as cartas de tarô tradicionais. Os quatro diferentes naipes das cartas comuns correspondem aos quatro naipes tradicionais do baralho de tarô, que receberam diferentes designações nas línguas europeias, entre elas as que são mostradas a seguir:

LANÇAS – Espadas (Ar)
CORAÇÕES – Copas (Água)
DIAMANTES – Ouros (Terra)
BASTÕES – Paus (Fogo)

Depois de conhecer a correspondência entre os naipes do baralho de tarô e do baralho comum, você pode aplicar o método da numerologia descrito na última seção. Cada carta do baralho comum tem um número e o mesmo significado numerológico do tarô, com o Ás sendo o número um. O mesmo vale para as cartas da Corte no baralho comum, que têm os mesmos significados dos Reis e Rainhas dos Arcanos Menores, com a ressalva de que o Valete substitui os Cavaleiros e Pajens. Essa carta é uma mistura do Cavaleiro e do Pajem e tem as características de ambas – é um rebelde, que gosta de assumir riscos, alguém que se apaixona com facilidade, tem qualidades ocultas, trabalha duro e é ambicioso. Isso lhe dará as bases de que você precisa para expandir seu conhecimento, de modo que seja capaz de interpretar o significado de todas as cartas do baralho comum como se fossem cartas de tarô.

O USO DO PÊNDULO
Radiestesia

O pêndulo é um peso pequeno, suspenso por um cordão ou corrente. Quando você o segura de uma forma que ele fique pendurado, pode fazer uma pergunta e a forma como o pêndulo se move mostra a resposta. O pêndulo é muitas vezes um cristal suspenso numa corrente, mas você pode fazer o seu próprio, se preferir. Eu uso um pêndulo que é um pequeno pingente de prata no formato de um pentáculo, suspenso num colar que meus pais compraram para mim logo que comecei minha jornada pela Bruxaria. O pêndulo pode até mesmo ser tão simples quanto uma agulha enfiada numa rolha, pendurada num pedaço de linha.

A radiestesia com o pêndulo ajuda você a acessar sua mente subconsciente e usa a orientação do seu eu superior para responder às suas perguntas. As informações que você recebe vêm de você mesmo, e o pêndulo atua como o transmissor das respostas que vêm do seu subconsciente. A mente inconsciente é muito receptiva e aberta para receber mensagens intuitivas. Normalmente, nossa mente consciente atua como um filtro, o que torna mais difícil a transmissão dessas mensagens, mas a radiestesia ultrapassa a mente consciente e entra no subconsciente, onde informações podem se apresentar. Essa forma de adivinhação é mais adequada para questões que têm respostas do tipo "sim" ou "não" ou "talvez".

Antes de começar, é uma boa ideia limpar seu pêndulo para eliminar quaisquer energias indesejadas que possam prejudicar a precisão dos seus movimentos. Eu gosto de queimar alecrim e usar a visualização, mas use qualquer método que pareça mais adequado para você. Encontre um lugar confortável para se sentar e descanse o cotovelo numa superfície sólida, para estabilizar a mão. Segure a corrente ou cordão do seu pêndulo entre o polegar e o indicador da sua mão projetiva (ver página 139 para saber como identificar sua mão projetiva). Passe o pêndulo sobre um tabuleiro próprio para pêndulos ou pergunte ao pêndulo qual movimento ele deseja usar para indicar "sim", "não" e "talvez". Se estiver tentando interpretar algo, como a energia de alguém ou a energia de uma situação específica, você poderá obter uma resposta melhor se usar a mão receptiva (sua mão não projetiva). Assim, você poderá receber a energia em vez de empurrá-la para longe, portanto será capaz de entendê-la melhor.

Agora é a hora de fazer suas perguntas. Leve o tempo que achar necessário e dê ao pêndulo a chance de responder. Não se preocupe se achar difícil diferenciar as respostas "sim" e "não", inicialmente. Quanto mais prática você tiver, mais definidos serão os movimentos do pêndulo. Se você não tiver certeza do que o pêndulo quer dizer, reformule a pergunta até obter uma resposta mais sólida. O pêndulo é um instrumento acessível e uma forma muito discreta de adivinhação.

ESCRIAÇÃO

A escriação é uma forma antiga de adivinhação em que olhamos para uma superfície reflexiva lisa e usamos nossa visão espiritual para interpretar as mensagens, orientações ou visões que recebemos. Nossa visão espiritual é a nossa capacidade de ver e captar coisas que geralmente não podem ser percebidas por meio dos nossos cinco sentidos. A palavra "escriação" vem do termo *"descry"*, do inglês antigo, que significa "entrever". A escriação é, portanto, a revelação do invisível e do desconhecido. Tal como acontece com outras formas de adivinhação, não se trata de ver o futuro, trata-se de passar para outro nível de consciência, em que o consulente pode acessar seu eu superior para encontrar as respostas que procura.

A escriação é frequentemente associada à bola de cristal, mas há muitas maneiras de praticá-la. Embora todos os métodos façam uso de diferentes superfícies reflexivas, o modo como elas são preparadas é igual para todas.

Quando começar sua prática de escriação, você poderá sentir dificuldade para "ver". Cada pessoa se adapta a um método diferente, então tente o método de escriação que faça mais sentido para você. Essa certamente é uma prática aprendida, mesmo se você tiver um dom natural para esse tipo de adivinhação. Não existe uma maneira certa ou errada de interpretar as visões e sinais que você receber na escriação, por isso tente relaxar e não se preocupe com a possibilidade de estar fazendo algo errado!

Ao praticar a escriação, desligue as luzes e acenda algumas velas, para deixar o ambiente na penumbra. Antes de começar, é bom tentar relaxar. A meditação pode ser tão útil assim como acender uma vareta de incenso de olíbano, patchuli ou artemísia, para criar o ambiente certo. Certifique-se de que seus olhos estão relaxados e procure não se concentrar demais na tentativa de ver alguma coisa, pois isso irá ajudá-lo a ficar mais aberto às imagens que vierem até você. Não se preocupe se sua mente começar a divagar, apenas certifique-se de manter os olhos fixos na superfície reflexiva. Mantenha a intenção que você escolheu enquanto pratica, que pode ser qualquer coisa desde alcançar um objetivo, até desenvolver suas capacidades psíquicas ou obter uma orientação sobre determinada situação. Deixe os olhos levemente desfocados ao praticar a escriação, enquanto o corpo e o rosto obtêm uma sensação mais profunda de relaxamento. Você é uma observadora passiva das imagens que passam na superfície e, à medida que elas surgem, você as interpreta. Se você é iniciante na técnica da escriação, é comum que as imagens comecem a se revelar apenas depois de 10 a 15 minutos. Paciência é realmente a chave, mas certamente valerá a pena!

BOLA DE CRISTAL
Cristalomancia
A bola de cristal é usada como uma superfície reflexiva. Acenda velas para ter um ambiente composto de sombra e luz.

ESPELHO
Captromancia
Você pode usar como superfície reflexiva um espelho normal ou um espelho negro, especial para a escriação.

FUMAÇA
Capnomancia
Produza fumaça com fogo ou incenso e interprete as formas que ela cria.

MÉTODOS DE ESCRIAÇÃO

FOGO
Piromancia
Fite uma chama, usando-a como superfície reflexiva. As formas da chama podem ser interpretadas.

ÁGUA
Hidromancia
Use uma tigela cheia de água como superfície reflexiva (usar corante comestível preto é opcional)

CERA
Carromancia
Encha uma tigela com água, depois pingue a cera da vela na superfície da água.

LEITURA DE FOLHAS
(Tasseografia)

A leitura da folha de chá é uma forma antiga de adivinhação que teve início na China, onde a posição das folhas no fundo da xícara era interpretada por aqueles que bebiam o chá. A tasseografia, em que a borra de café ou o sedimento do vinho é usado, assim como as folhas de chá, também se originou no Oriente Médio e na Grécia Antiga. A beleza dessa modalidade de adivinhação é o fato de que ela não requer instrumentos caros ou incomuns, por isso é econômica, assim como um método discreto, que você pode usar na sua prática mesmo se estiver no armário de vassouras.

É melhor usar um chá de folhas largas e soltas, picadas grosseiramente, pois assim os pedaços serão maiores e podem aderir com mais facilidade à lateral e ao fundo da xícara. O chá de saquinho pode ser usado, mas não é o ideal, pois os pedaços das ervas do chá são muito pequenos e tendem a se amontoar, em vez de criar quaisquer formas perceptíveis.

É tradicional usar uma xícara de chá e um pires. As xícaras de chá têm bordas mais largas e laterais que se inclinam suavemente em direção ao fundo. O formato de uma xícara de chá torna mais fácil a formação de uma gama maior de diferentes formas e linhas com as folhas de chá. Muitas canecas têm laterais na vertical, o que faz com que as folhas tendam a escorrer na direção do fundo, em vez de grudar nas laterais.

Para fazer o seu chá, derrame água quente numa xícara sobre uma colher de chá das ervas da sua escolha. Não acrescente mais nada, como leite ou açúcar. Você pode fazer o chá no bule da sua preferência, mas lembre-se de não usar uma peneira. Enquanto bebe o chá, medite sobre uma pergunta ou área de investigação, mantendo sua intenção em mente. Quando restar apenas meia colher de chá na xícara, gire-a três vezes no sentido horário, em seguida coloque o pires de cabeça para baixo, em cima da xícara. Depois vire a xícara e o pires de cabeça para baixo, para permitir que a água restante escorra para o pires. Espere alguns instantes e, quando sentir que é a hora certa, vire a xícara na posição normal e examine os padrões que as folhas formaram.

Quando se trata de interpretar as folhas de chá, existem alguns significados tradicionais atribuídos às formas produzidas pelas folhas, mas esse método de adivinhação requer que você deixe sua intuição assumir o comando. Tome nota de suas primeiras impressões e palpites, enquanto observa as formas das folhas. Aquelas que estão mais próximas da borda são interpretadas como previsões relacionadas a eventos de um futuro próximo, enquanto as folhas no fundo da xícara supostamente relacionam-se a eventos de um futuro distante. Essa forma de adivinhação é perfeita para quem quer entrar em contato com suas capacidades intuitivas e desenvolvê-las.

CONCLUSÃO

Espero que este livro tenha ajudado a inspirá-la na sua Arte, seja você apenas uma iniciante na jornada da Bruxaria ou uma bruxa experiente, que já percorre esse caminho há mais tempo. A magia é uma forma incrível de intensificarmos o nosso bem-estar, pois ela aprofunda o nosso contato com nós mesmas e com o mundo natural. A natureza tem o poder de equilibrar a nossa energia e nos deixar mais centradas, e eu realmente espero que este livro tenha inspirado você a incorporar uma dose maior de magia natural à sua prática. Lembre-se de que a sua jornada é só sua e a sua intuição é o melhor guia que você pode ter.

LEITURAS COMPLEMENTARES

Margot Adler, Drawing Down the Moon

Diane Ahlquist, Moon Spells

Deborah Blake, Everyday Witchcraft

Raymond Buckland, Complete Book of Witchcraft [O Livro Completo de Bruxaria de Raymond Buckland. São Paulo, Editora Pensamento, 2019.]

Laurie Cabot, Power of the Witch

Scott Cunningham, Wicca: The Guide for the Solitary Practitioner

Scott Cunningham, The Encyclopaedia of Magickal Herbs

Scott Cunningham, Divination for Beginners

Scott Cunningham, Living Wicca

Liz Dean, The Divination Handbook

Gail Duff, The Wheel of the Wiccan Year

Bridget Esselmont, The Ultimate Guide to Tarot Card Meanings

U. D Frater, Practical Sigil Magick

Gemma Gary, A Cornish Book of Ways

Gemma Gary, The Black Toad

Marian Green, A Witch Alone

Elen Hawke, In the Circle; Crafting a Witch's Path

Arin Murphy Hiscock, The Green Witch

Arin Murphy Hiscock, The Witch's Book of Self-Care

D. E. Luet, A Witch's Book of Shadows

Edain McCoy, Sabbats: A Witch's Approach to Living the Old Ways

Nigel G. Pearson, Wortcunning: A Folk Magick Herbal

Nigel G. Pearson, Walking the Tides; Seasonal Rhythms e Traditional Core in Natural Craft

Lidia Pradas, The Complete Grimoire

Doreen Valiente, Where Witchcraft Lives

Joanna Martine Woolfolk, The Only Astrology Book You'll Ever Need

ÍNDICE REMISSIVO

Agradecimentos

A todos que me apoiaram e caminharam comigo ao longo da minha jornada até aqui, sou grata além das palavras. Vocês tornaram tudo isso possível.